Inhalt

AF203838

Kurt David: Antennenaugust

Erstes Kapitel

Der erste Tag war der vierte Mai und noch heut höre ich das laute Aufspringen unserer Wohnzimmertür. Die Klinke war nur mit dem Ellenbogen heruntergedrückt worden, als 5
wolle einer herein, der keine Hand frei hat.

„Bist du da?"

„Ich?"

„Du wirst staunen, Junge!" Mutter musste das gehört haben. Sie kam sofort aus der Küche gelaufen: „Bringen 10
Sie uns bloß nicht wieder eine Schlange, Herr Buchholtz!"

„Keine Schlange, einen Bussard."

„Einen was?"

„Einen Bussard!"

„Na, so was hatten wir gerade noch nicht!" 15

„Nur einen ganz kleinen: Er ist aus dem Nest gefallen, beim Bäumefällen."

Mutter machte trotzdem ein bedenkliches Gesicht. Das war nicht unbegründet. Ich hatte mich in unserer Klasse verpflichtet, zuweilen einige Tierchen für den Biologie- 20
unterricht zu besorgen. Dabei hatte mein Lehrer auf die Nachbarschaft mit Herrn Buchholtz verwiesen, einen Mann, der in der Forstwirtschaft arbeitete. Die Schlange, von der Mutter gesprochen hatte, war eine Ringelnatter gewesen, die ich abends mit etwas Äther betupft hatte, 25
damit sie bis Schulbeginn keine Wanderungen durch unsere Wohnung vollführte. Als Mutter früh die Veranda betrat, hing die Schlange wie ein Aal von der Gardinenstange herab und baumelte zufrieden vor der Glasscheibe in der Sonne. 30

Mutters Schrei war so gewaltig und echt, dass ich annahm, im Fernsehen liefe ein Kriminalfilm.

Außer dieser harmlosen Schlange hatte mir Herr Buchholtz einen prächtigen Feldhamster mitgebracht, der ganz wild auf Musik war. Das stellten wir während einer Schlagersendung fest, als er plötzlich und unerwartet hinter der
5 zerbrochenen Skala unseres Rundfunkgerätes auftauchte und dort vergnügt tanzte.

Wir hatten uns noch nicht ausgewundert, da traf ihn ein elektrischer Schlag. Nachher konnten wir uns überzeugen, dass es ihm gelungen war, beim Tanz die Drähte zu einem
10 knalligen Kurzschluss zusammenzutrampeln. Erstaunlicherweise war nur unser Radio kaputt, nicht unser Feldhamster; der kroch schwankend und noch etwas benommen aus dem Loch der Rückwand, durch die er sich hineingefressen hatte.

15 Auf den Händen und in ein Tuch gewickelt, trug Herr Buchholtz den kleinen Bussard zur Ofenbank. „Vor dem brauchen Sie sich wirklich nicht zu fürchten", meinte er zu meiner Mutter und faltete behutsam das graublaue Tuch auseinander.

20 „Ach, ist der niedlich!", sagte Mutter.

Und dann guckten wir alle drei auf das Tier, das noch gar nicht wie ein Tier aussah, eher einer unförmigen Kugel braunweiß gesprenkelter, flauschiger Wolle ähnelte. Erst bei längerem Betrachten entdeckten wir den Schnabel so
25 wie die schwarzen Augen, die unruhig hin und her zuckten.

„Der hockt mehr auf dem Bauch", erklärte uns Herr Buchholtz. „Beim Sturz aus dem Horst muss er sich verletzt haben." An meine Mutter gewandt, sagte er: „Sollte ich den Kleinen etwa liegen lassen? So wehrlos, so ohne
30 jeden Schutz? Das hätten Sie doch auch nicht fertig gebracht!"

„Natürlich nicht! Der wäre glatt verhungert!"

Herr Buchholtz wischte sich die Hände an seinen grünen Hosen ab und erzählte uns, der Bussard sei höchstens vier
35 zehn Tage alt; wir sollten versuchen, ihn am Leben zu erhalten, obgleich er bezweifle, dass es uns gelänge. „Wenn

er wenigstens schon vier Wochen alt wäre, aber so, da ist die Sache unsicher!"

„Und womit müssen wir ihn füttern?", fragte ich.

„Probiert's mit gekochten Eiern. Ins Fressen mischt ihr ein bisschen Zwirn oder zerschnippelte Wolle, von wegen 5 dem Gewölle."

Die Einfachheit dieser Kost schien meine Mutter zu überraschen. „Machen Sie sich keine Sorgen. Den kriegen wir groß, Herr Buchholtz!"

„Umso besser. Ein Bussard ist nämlich sehr nützlich und 10 wird geschützt!"

„Vor allem ist er mir lieber als eine Schlange oder ein Feldhamster."

„Dann hab ich's getroffen", sagte er lachend und ging.

Sicherlich hatte meine Mutter nicht nur an die Schlange 15 und den Hamster gedacht, obgleich sie diese zwei besonders gut in Erinnerung haben mochte. Schließlich hatte ich für die Schule noch andere Lebewesen organisiert, die meine Mutter auch nicht gerade entzückt hatten; ich denke da bloß an die Eidechsen, Blutegel, Dasselfliegen[1], groß wie 20 Hummeln, Fledermäuse und Ameisen im Glas, die trotz Deckel nicht im Glas geblieben waren.

Nun hatten wir einen Bussard im Haus, einen Mäusebussard, der so klein war, dass wir ihn uns groß nicht vorstellen konnten, etwa mit einer Flügelspanne von reichlich 25 einem Meter: Einen Bussard, der jetzt noch mit gekochten Eiern zu füttern war und später Mäuse, Hamster, Maulwürfe, Ratten, Heuschrecken, Kreuzottern, Hasen und Rebhühner fressen sollte.

„Und was frisst der, wenn er aus dem Gröbsten heraus 30 ist?", wollte meine Mutter wissen.

„Fleisch", antwortete ich, und das war nicht einmal geschwindelt. Es wäre allerdings leichtsinnig von mir

---

[1] Fliegen, die während ihrer Entwicklung (als Larve) Schmarotzer von Säugetieren sind

gewesen, hätte ich die künftigen Speisewünsche unseres Bussards namentlich aufgezählt.

„Auch Rindfleisch?"

„Natürlich."

5 Sie sann eine Zeitlang nach, blickte auf unseren Gast, der reglos auf der Ofenbank saß und den nichts zu interessieren schien. „Ich denke, das ist ein Mäusebussard? Muss er da nicht Mäuse kriegen?"

„Die wird er sich fangen, wenn er welche fressen will."

10 „Hoffentlich!" In Mutters Stimme hatte etwas Zweifel mitgeklungen. Sie dachte, wie viele Mütter, schon an die Zukunft. „Auf alle Fälle werde ich ihm ein schönes Ei kochen."

„Tu das bitte."

15 „Weich oder hart? Man weiß gar nicht richtig, wie ein Bussard ..."

„Weich natürlich, so weich wie möglich." Ich besah mir erneut diesen aufgeplusterten, runden, kleinen Kerl und überlegte, wo das Ei hin sollte? Mein Trost: Wir hatten in 20 der Schule gelernt, ein Bussard habe einen „erweiterungs- fähigen Magen"; denn wie der Vogel jetzt aussah, konnte sein Magen nicht größer als ein Markstück sein. Der haki- ge Schnabel lag auf dem weißen Brustgefieder, das zitter- te, wenn er den Atem ausblies. Die Augen funkelten und 25 waren noch immer das Einzige, was er bewegte: Angstvoll blickten sie unablässig hin und her, suchten, was sie bisher gesehen hatten und ihnen vertraut geworden war. Unsere Ofenbank war kein guter Ersatz für einen Bussardhorst aus Reisig auf einer hohen Kiefer. Und dann: Sein Umzug war 30 ungeheuer gewaltsam vor sich gegangen. Da hatten Män- ner mit einer ratternden Motorsäge ausgerechnet den Baum umgesägt, in dessen Wipfel er vor vierzehn Tagen zur Welt gekommen war. Vielleicht hatte er gerade ge- schlafen, müde von der letzten Mahlzeit, müde von der 35 warmen Maisonne dort oben? Jedenfalls muss ihm das Motorengebrüll am Fuße seines Stammes wie ein schreckliches Erdbeben erschienen sein. Na gut, der Wipfel hatte schon oft in Wind und Sturm geschwankt, aber das war das reinste Vergnügen gewesen: Man blieb nämlich, wo man war, in einer herrlichen Reisigwanne, schaukelte hinüber und herüber. Jetzt aber stürzte der Baum um, mit Krach und Geächz in den Ästen. Man war vielleicht noch von einem Ast gestreift und während des Sturzes aus dem Nest geschleudert worden und irgendwo im dichten Heidelbeerkraut allmählich wieder zu sich gekommen. Das Heidelbeerkraut war eine neue Umgebung gewesen, man hatte bisher noch keins kennen gelernt; auch die Erde war neu, man hatte sie bisher noch nicht betreten. Und wie man eben angefangen hatte, sich damit vertraut zu machen, klaubt einen jemand wieder auf, wickelt einen in ein Tuch voll Finsternis, in eine Nacht ohne Sterne und Mond, und als es später wieder hell wird, hockt man auf einer Ofenbank, hat Schmerzen in den Beinen, sieht keinen Baum mehr und keinen Himmel, keinen Reisighorst, keine Eltern.

Ich wunderte mich also nicht über die Furcht in seinen Augen. Der Kleine war enttäuscht von der Welt und ganz durcheinander; woher sollte er wissen, was noch alles mit ihm geschehen würde?

Mutter brachte das Ei auf einem Blechteller. Sie hatte es mit dem Messer klein gehackt. Ich mischte Zwirn und Wolle bei, wie es Herr Buchholtz verlangt hatte. Im Übrigen war ich froh, dem Bussard endlich etwas Gutes antun zu können.

Das Tellerchen stellten wir ihm direkt vor den Schnabel.

„Na, friss schon!", sagte Mutter.

Er guckte nicht einmal hinab auf das Ei. Seine Augen irrten überall herum, nur auf den Teller blickten sie nicht.

„Du musst doch lange nichts bekommen haben", sagte ich. „Los, friss!"

„Ob er nichts sieht?", fragte Mutter.

„Warum soll er nichts sehen!"

„Kaninchen sind auch die ersten Tage blind."

„Kaninchen!"

„Ich dacht ja bloß."

Nun hob ich den Teller etwas an, schob den Rand ein Stück unter den Schnabel. Die hakige Spitze tunkte ich in den Brei hinein. Ob ihm das gefiel oder nicht gefiel, war schwer zu sagen. Zumindest wehrte er sich nicht dagegen, womit freilich weder ihm noch uns geholfen war; solange er nicht fraß, bestand auch keine Hoffnung, ihn am Leben zu erhalten.

„Mach schon, Bussi", flehte Mutter. „Bussi muss groß und stark werden!"

„Bussi?" Ich hatte wohl nicht richtig gehört! Bussi!

„Wie kommst du darauf?"

„Das passt zu ihm!"

„Passt nicht!"

„Soll ich Bussard sagen? Man ruft doch eine Katze auch nicht Katze und einen Hund nicht Hund!"

„Weder Bussard noch Bussi."

„Na, einen Namen muss er ja kriegen. Und Bussi klingt schön; bei Bussi hört man gleich, dass er noch klein und unbeholfen ist."

„Bussi", wiederholte ich abfällig. Das klang mir zu kitschig. „Der ist doch kein Kanarienvogel!"

Ratlos schwiegen wir eine Weile; Mutter, weil sie nicht mehr Bussi sagen sollte, ich, weil ich noch keinen besseren Namen für ihn hatte. Sosehr ich nachsann, ich fand nichts, was zu ihm gepasst hätte. Das lag vielleicht darin begründet, dass er nur immerzu traurig war, unbeweglich auf der Ofenbank hockte, nicht fraß. Das alles reichte nicht zum Leben und war vollkommen ungeeignet, ihm einen Namen zu geben, der noch zu ihm passte, wenn er nicht mehr traurig war, nicht mehr unbeweglich auf der Ofenbank hockte, sondern fraß und ein erwachsener Bussard geworden war.

Ich drückte den Schnabel tiefer in den Brei, murmelte

gut gemeinte Worte dazu, die aber auch nichts bewirkten, und sah ihn zu meiner Verwunderung nicht die geringste Anstrengung machen, den Schnabel aus der Eierpampe wenigstens herauszuziehen.

„Der ist hin", stellte Mutter fest. 5

„Der ist nicht hin! Der hat bloß noch nie von einem Teller gefressen."

„Das bezweifle ich auch nicht."

„Also müssen wir ihn füttern, wie ihn seine Alten gefüttert haben." 10

„Was denn, etwa mit Mäusen?"

„Nicht mit Mäusen. Der kriegt doch nicht vom ersten Tag an Mäuse. Der kriegt höchstens Kleinzeug. Heuschrecken oder so was. Das kauen die Alten ihm schön vor."

„Was?" 15

„Ich meine, die schieben es ihm in den Rachen, und knatsch, weg ist es. Und wir schieben's ihm auch in den Rachen."

„Doch nicht Heuschrecken?" Mutter zog ein Gesicht, als bevölkerten bereits ganze Heuschreckenschwärme unser 20 Wohnzimmer.

„Das zermanschte Ei natürlich." Ich hätte auch Heuschrecken besorgen können. Das war nicht das Problem. Aber ob ich in kurzer Zeit welche hätte fangen können, war fraglich. 25

Ich schnitt mir in der Küche von einem Holzscheit einen Span, stumpfte die Spitze ab, öffnete seinen Schnabel, spießte Ei auf, schob es hinter in seinen Hals, zog den leeren Span wieder heraus.

„Der will nicht", sagte Mutter. 30

„Der muss!" Sofort schob ich noch ein Stückchen Ei hinterher.

„Ich sag's doch: Der will nicht!"

In diesem Augenblick hatte auch ich das Gefühl, dass mit ihm etwas nicht mehr in Ordnung war. Vielleicht war er bei 35 seinem Sturz auf den Kopf gefallen? Mit offenem Schnabel hockte er auf der Bank. Ausgesprochen doof sah das aus. Starr blickte er uns an. Ich glaube, er atmete nicht mehr.

Da rief Mutter: „Du bringst ihn um! Der erstickt uns! Nimm schnell das Zeugs wieder aus dem Rachen!"

Ihr Ruf, „der erstickt uns", wirkte wie eine Erleuchtung auf mich. Schnell spießte ich noch ein Bröckchen Ei auf den Span, transportierte es zu den anderen zwei in den Schlund: „Genau das! Wenn er nicht ersticken will, muss er schlucken!"

In diesem Moment klappte sein Schnabel zu. Kurz darauf stieß er den angehaltenen Atem aus, wackelte mit dem Kopf, bewegte die Augen.

„Bussi", sagte Mutter.

Ich war so froh, dass ich dieses alberne Bussi durchgehen ließ, es hatte wie eine Erlösung geklungen. Nun wiederholten wir den Vorgang, mit dem Unterschied, ich musste ihm jetzt vier Bröckchen in den Rachen schieben, ehe er schluckte. Demnach hatte er noch nicht begriffen, dass wir mit unserer seltsamen Fütterungsmethode das Gleiche bezweckten wie seine Eltern. Störrisch ließ sich unser kleiner Bussard auch in den folgenden Tagen von mir den Schnabel gewaltsam öffnen. Das hatte den Nachteil, wir wussten nie, wann er genug hatte und satt war.

Ich fragte meinen Biologielehrer nach dem Umfang der Mahlzeit eines vierzehn Tage alten Bussards. Seine Antwort war eindeutig: „Ich glaube, die fressen immer, wenn sie was kriegen."

Dieser schlichten Regel zufolge fraßen sie nichts, wenn sie nichts bekamen. Unser Mäusebussard fraß jedoch auch nichts, wenn er etwas bekam. Und so musste ich ihn weiterhin zwingen, zu fressen. Freilich, der Umfang seiner Mahlzeiten blieb ungeklärt. Mutter verkündete deshalb: „Wir bleiben zunächst bei einem Ei pro Tag. Wenn er mehr will, muss er seinen Schnabel allein aufmachen. Das wird man doch verlangen können, nicht?"

Herr Buchholz, der zu einem Lehrgang gewesen war und

sich erst nach einer Woche wieder nach ihm erkundigen konnte, brachte drei Eier mit und legte sie auf den Tisch mit der Bemerkung: „Sind schon gekocht!"

„Das war wirklich nicht nötig", sagte Mutter.

Herr Buchholtz ging und unser Bussard fraß alle drei Eier hintereinander auf. Noch erstaunlicher war an diesem Ereignis: Er hatte seinen Schnabel tatsächlich von allein geöffnet! Überhaupt hatten wir das Gefühl, er habe gerade auf diese drei Eier gewartet, sehnsüchtig sozusagen; denn er machte nachher einen sehr zufriedenen Eindruck, schloss artig von selbst den Schnabel, schüttelte sich, plusterte sich, drehte den Kopf nach oben und unten, nach links und nach rechts und abermals nach unten und sprang von der Ofenbank hinab auf den weichen, blauen Teppich.

„Du bist mir vielleicht ein August", sagte Mutter.

„August ist gut, jawohl, August", rief ich.

„Was?"

„Ich meine, wir nennen ihn August!"

„August?" Sie dachte eine Weile nach. Vielleicht dachte sie an meinen Onkel, der ebenfalls August hieß und Gustl gerufen wurde. Nein, Ähnlichkeiten waren nicht vorhanden, wenngleich ich nicht verschweigen will, dass sich mein Onkel bei uns immer auf die Ofenbank setzte und sie als seinen Lieblingsplatz bezeichnete. „August", wiederholte Mutter. „Bussi wäre auch schön gewesen."

„Nur nicht schön genug!"

Zweites Kapitel

Gäste bleiben keiner Nachbarschaft lange verborgen, auch nicht, wenn sie noch so klein sind. Zudem hatte ich es in der Schule erzählt und meine Mutter im Konsum, wo sie bis mittags Verkäuferin ist. Da aber noch niemand den August bis jetzt gesehen hatte, erschöpfte sich das Interesse an ihm vorläufig in Fragen: „Wie geht's deinem August?" oder „Wie viel Eier hat er denn gestern gefressen?" oder „Wenn du Mäuse brauchst, sag Bescheid, in unserer Scheune wimmelt's davon."

Das wurde mit einem Schlag anders, als ich ihn in den Garten brachte. Ich hatte ihm eine kleine Kiste mit niedrigen Seitenwänden zusammengenagelt, in die ich ein wenig Heu streute. Die Kiste stellte ich unter das vorspringende Schuppendach. Ich hatte diesen schönen Platz gewählt, weil das Dach meinen August vor Regen schützen sollte, und ausgerechnet dieses Dach gefiel ihm gar nicht. Wohin er guckte und seinen Kopf drehte, immer kehrte sein Blick zu dem hölzernen Himmel über ihm zurück. Die blühenden Obstbäume, der grüne Rasen, die hohe Hecke mit den lärmenden Vögeln sowie Luft und Sonne mochten seinem Geschmack entsprechen und besser sein als die Ofenbank im Wohnzimmer. Und wenn ich bisher keinen Laut von ihm vernommen hatte, so piepste er nun kläglich in Richtung des Daches. Natürlich erwartete ich nicht, dass er in dem vorspringenden Schuppendach von vornherein meine Fürsorge erkannte, aber ich dachte: August, wenn es erst einmal regnet, wirst du verstehen, weshalb ich dich dahin gesetzt habe.

Ein paar Tage später tobte ein Frühlingswetter mit Blitz und Donner überm Dorf. Der Sturm peitschte Bäume und Büsche so heftig, dass die Blüten wie Schneeflocken gegen das Fenster schlugen, hinter dem ich stand und August beobachtete.

Noch bevor es zu regnen begann, sagte Mutter: „Hol den

Kleinen lieber ins Wohnzimmer! Der ängstigt sich tot bei
dem Unwetter!"

„Und wie soll er sich an das Dach gewöhnen, wenn er
nicht merkt, dass er durch das Dach geschützt wird? Nein,
er bleibt draußen." 5

Die ersten Tropfen fielen, schwere, große Tropfen.
August sprang auf die vordere Seitenwand der Kiste.
„Siehst du, wie er sich fürchtet?"

Ich war nicht sicher, ob das Furcht war, was er uns plötzlich bot. Tatsache war, er hatte sich auf dem Kistenrand 10
festgekrallt, schob wütend seinen Hals hoch zum Dach und
beschimpfte dieses Dach noch mehr, wenngleich wir das
Piepsen wegen des Sturmes und Donners nicht hören konnten. Im nächsten Augenblick hüpfte er von der Kiste herunter, lief in die Wiese hinein bis zu einem Fleck, auf dem ihn 15
nicht einmal mehr das Blätterdach eines Obstbaumes vor
dem Regen geschützt hätte. Und es regnete mächtig. Es
goss und das Wasser stürzte nur so vom Himmel. Da
August unter freiem Himmel stand, bekam er alles an
Regen ab, was auf seinem Platz herniederging. Er aber hat- 20
te sich dick gemacht und zu einer Kugel aufgeblasen. So
groß hatte ich ihn noch nicht gesehen. Und schwarz sah er
aus, schwarz vor Nässe.

„Kein Mensch ist auf der Straße, kein Hund, keine
Katze!" 25

Mutter schüttelte den Kopf und bewunderte mit mir
weiter August, der dem Gewitterregen so lange trotzte, bis
alle dunklen Wolken leer geregnet waren und der Himmel
wieder blau wurde. Nachher ordnete er mit dem Schnabel
sein klitschnasses Federkleid, zupfte mal da und mal dort. 30
Danach marschierte er unterm reinen Sonnenlicht mit
funkelndem Gefieder zurück zu seiner Kiste, sprang über
die vordere Seitenwand und stellte sich brav ins Heu.

Ich bin mit meiner Geschichte zeitlich ein wenig voraus-
geeilt, weil ich das Schuppendach erwähnt hatte und das 35
Frühlingswetter mit dem Regen brauchte, das erst ein paar

15

Tage später stattfand. Kehren wir zu der Stunde zurück, in der ich August ins Freie brachte und mit der Kiste auf die Wiese stellte; ich hatte angekündigt, dass mit einem Schlag alles anders würde, was die Nachbarsleute betraf.
5 Mir war sofort klar: Wenn der Erste am Zaun stehen blieb, blieb auch der Nächste stehen, der bei uns vorübergehen wollte.

Den Anfang machte Frau Kalunke, im Dorf Pramo-Liesbeth genannt, weil sie sich nach Vorlagen der Modezeit-
10 schrift PRAMO die modernsten Mützen häkelt. Da sie hinter unserm Zaun stand, vermag ich sie treffend zu beschreiben: Sie war acht Staketen breit, aber nur einen Kopf höher als eine Stakete lang. An diesem Tag trug sie eine weiße Ballonmütze, die wie ein weiß emaillierter Bettwärmer
15 aussah. An der Mütze war ein über das Gesicht weit hinausragender Schirm. Der erinnerte mich an die Sonnenblenden von Radrennfahrern.

August sprang gleich aus dem Kasten, lief durchs Gras bis in die Nähe von Frau Kalunke, riss den Schnabel weit
20 auf, fauchte Pramo-Liesbeth böse an. Wer vorspringende Schuppendächer verabscheut, verabscheut auch vorspringende Mützenschirme. Frau Kalunke hingegen deutete sein Verhalten als Zuneigung und redete auf August ein wie auf ein Baby: „Ach, bist du süß! Und was für ein zuckersüßes
25 Schnäbelchen du hast, ein Schnäbelchen mit einem goldigen Häkchen dran! Du, du, du!"

Völlig verdattert wich August einige Schritte zurück, weil die Frau sich auf ihre Zehenspitzen gestellt und ihren kleinen Kopf mit der großen Schirmmütze so weit über den
30 Zaun geneigt hatte, dass ihr die Staketenspitzen in den Hals pikten.

„Na, nun komm mal wieder her. Der Zuckersüße braucht doch vor dem Tantchen kein Ausreißerchen zu machen! Das Tantchen bringt dir sofort was Feines, ein Süppchen,
35 ein Süppchen mit Böhnchen!" Und an mich gewandt, sagte sie schroff:

16

„Der frisst keine." Am liebsten hätte ich geantwortet: Der frisst kein Suppelsüppelchen.

„Und ich dachte, ein Habicht frisst Suppe!"

„Auch ein Habicht frisst keine. Und das ist ein Bussard!"

„Sieh mal an, ein Bussardchen bist du, ein richtiges Bussardchen." Und abermals an mich gewandt, meinte sie: „Ich hab nämlich noch nie einen Bussard gesehen!"

„Das glaub ich nicht. Sie haben bloß nie gewusst, dass es einer ist, wenn Sie einen gesehen haben."

Inzwischen hatten sich mehr und mehr Leute am Zaun 10

versammelt. Zum Glück benahmen sich die meisten nicht wie Frau Kalunke, die erneut von ihrer Suppe anfing und erwähnte, sie hätte einen Rest vom Mittag. „Sogar mit Speck drin", sagte sie. „Wollen wir's nicht wenigstens pro-
5 bieren?"

„Liesbeth", erwiderte ein Fahrer, der von seinem Traktor gesprungen war, um August zu betrachten. „Suppe mag der so wenig, wie du Mäuse magst. Oder magst du vielleicht Mäuse, wenn sie mit Speck garniert sind?"

10 Ich weiß nicht mehr, wie viel Leute in der ersten Stunde bei uns stehen blieben; gingen welche, kamen neue. Meinem kleinen August schien das zu gefallen; denn niemand außer Pramo-Liesbeth trug solche Riesenmütze mit Dach. So vertrieb er sich die Zeit auf der Wiese vor den wohl wol-
15 lenden Augen seiner Zuschauer am Zaun, rannte kreuz und quer durchs Gras, jagte Hummeln und Bienen von den Blumen, verscheuchte Katzen, auch wenn sie nur versuchten, ihren Kopf zwischen den Staketen hindurchzustecken, und war machtlos, wenn Spatzen auf den untersten Zweigen der
20 Obstbäume saßen und tschilpten. In solchen Momenten spreizte er seine Flügel, wollte rauflustig hochflattern, aber daraus wurde nichts; die kleinen Flügel reichten nicht hin und nicht her, waren nichts als gestutzte Federbündel, die zusammenzuckten, wenn ein Sperling erschien. Die Nächte
25 verbrachte er in der Kiste unterm Dach, das ihn in der Finsternis nicht störte.

Am dreiundzwanzigsten Tag teilte uns August auf seine Weise mit, dass wir ihm das Fressen nicht mehr mit dem Holzspan in den Schlund zu schieben brauchten. Er sprang
30 mit einem kräftigen Satz auf den Rand des Blechtellerchens, wodurch das zerdrückte Ei hochgeschleudert wurde und dann herab auf die Wiese klatschte. Sofort hüpfte er in die Eierpampe hinein, drückte seine Krallen wie kleine Dolche in den Brei, fürchtete, der Matsch könnte ihm weg-
35 laufen, und begann mit seinem krummen Schnabel so draufloszuhacken, dass das Eigelb gegen die Gräser spritz-

te. Mir fiel auf, dass er mit seinem Schnabel mehr zuschlug als fraß und sein Verhalten eher einem Kampf ähnelte als einer Mahlzeit.

„Nun musste ihm Fleisch geben", sagte ein sehr alter Mann. „Ob du willst oder nicht, du musst! Der will's jetzt genau wissen, Junge." 5

Die Leute blickten ihn an, amüsierten sich über seine Worte, andere schienen zu warten, dass er noch etwas sagte. Ich hatte das Gefühl, hier sprach ein Fachmann oder zumindest jemand, der Erfahrungen mit Bussarden gemacht 10 hatte.

August hatte seine Wildheit inzwischen so weit getrieben, dass ihm das Eigelb vom Kopf tropfte und er gezwungen war, einen Fuß aus dem Brei zu heben, um sich mit ihm seinen kleinen Schädel zu säubern. Da an seinen 15 Zehen mehr Ei hing, als auf seinem Kopf klebte, lachten die Leute über den untauglichen Versuch; manche lachten so laut, dass es drei Häuser weit zu hören war und noch mehr Leute anlockte. Auch ich lachte, sah jedoch, dass in dem Gesicht des alten Mannes nicht die geringste Spur 20 eines Lächelns zu finden war.

Nachdem die Leute sich etwas beruhigt hatten, meinte der Alte: „Ich wollte sagen: Sein Trieb ist erwacht, sein Trieb eben, das wollte ich sagen."

Ein jüngerer Mann, der auf seinem Fahrrad sitzen geblie- 25 ben war und sich an einer Stakete festhielt, um von dort aus August zuzusehen, sagte: „Aha, sein Trieb! Trieb ist herrlich, Wilhelm! Na, du musst es ja wissen."

Danach lachte er unverschämt über alle Köpfe hinweg. „Das weiß ich auch!" 30

„Wilhelm meint nur", mischte sich eine Frau ein, „Raubvogel bleibt Raubvogel; nicht, Wilhelm, das haste sagen wollen?"

„Genau das!"

„Raubvogel bleibt Raubvogel; sehr große Neuigkeit, wo 35 das alle wissen", schrie der Radfahrer.

„Ach, wissen tun viele was, besonders heutzutage, bloß danach verhalten tun sich nicht alle", antwortete Wilhelm und ging.

Zur gleichen Zeit verschwand auch der Radfahrer; ich
5 hörte ihn noch brüllen: „So ein Quatsch! Hund bleibt auch Hund!"

Ich beobachtete die Leute. Sie standen zwar mit vergnügten Gesichtern hinter den Staketen, waren aber seltsam still, fürchteten vielleicht, Wilhelm könnte ihr lautes Gelache
10 hören und sie tadeln. August hingegen ließ sich weder durch Lachen noch Nichtlachen abhalten, weiter das lästige Eigelb auf dem Kopf zu bekämpfen, obwohl noch immer erfolglos, weil er nach wie vor im Brei auf der Wiese umherstampfte und einmal mit dem linken, danach mit dem
15 rechten Fuß seinen gefiederten Schädel kratzte und so neues Eigelb zu seinem Kopf hinauftrug.

Zur Freude aller versammelten Zuschauer kam noch Frau Kalunke in großer Hast die Straße herunter und rief von weitem: „Ich hab was für deine Eule!"
20 Niemand berichtigte sie. Selbst ich hatte keine Lust, das zu tun, da ich ahnte, dass sie den Bussard außer Habicht und Eule einst noch Adler oder Kuckuck nennen würde. An diesem Tag schmückte Pramo-Liesbeths Kopf eine hellblaue Häkelmütze mit einem Schirm, der wie der Tisch
25 einer Sprungschanze aussah und himmelwärts aufragte.

Sie wartete natürlich nicht, bis ihr die Leute freiwillig eine Gasse öffneten, sondern stieß ihre ausgestreckten Arme mit den dicken kurzen Fingern wie einen Keil zwischen die Menge, und wer noch immer nicht wich, den
30 quetschte sie mit ihrem breiten Körper mühelos zur Seite. Keuchend meinte sie: „Wo ist unser Kleiner? Na, wo ist er denn? Er wird doch vor dem Tantchen nicht ein Versteckerchen machen wollen?"

„Versteckerchen macht der keins vor dir", sagte einer.
35 „Liesbethchen braucht vielleicht ein Brillchen?" Und dann zeigte der Mann auf August im Gras.

„Was denn, der da?"

„Wer sonst?"

„Das ist nicht möglich! Nein, das nicht! Ihr wollt mich veräppeln?"

Frau Kalunke blickte den Mann vorwurfsvoll an. Sie war offensichtlich erschrocken über das veränderte Aussehen des Bussards. „Neulich hatte er kein gelbes Köpfchen. Also nein! Wechseln vielleicht Eulen so schnell ihren Kopfschmuck?"

„Nicht nur Eulen", antwortete der Mann und erntete brüllendes Gelächter. „Du hast doch auch jeden Tag eine andere Mütze auf deinem Kopp!"

Ich hörte Frau Kalunke fragen, ob ihn ihre Mützen störten, worauf er behauptete, sie könnte seinetwegen Mützen mit vier Etagen und acht Balkons tragen, das würde ihn völlig unberührt lassen. Kurzum: Die Sätze flogen wie Pfeile am Zaun hin und her. Jeder versuchte den andern besser zu treffen. Die Leute interessierte nun dieser Wortwechsel mehr als mein Bussard.

Also griff ich mir August, stellte ihn dort ins Gras, wo kein Eibrei klebte, reinigte schnell seinen Kopf, seine Füße. Er hatte sich müde gestrampelt und nahm alles widerstandslos hin. Zum ersten Mal fühlte ich, dass er mir Leid tat. Das war merkwürdig; denn gern hatte ich ihn vom ersten Tag an, doch bisher war ihm nichts widerfahren, was mein Mitleid herausgefordert hatte. Nun hatten sie ihn ausgelacht, weil er mit dem Eigelb auf dem Kopf nicht fertig geworden war. Zugegeben, das war anfangs spaßig, auch ich hatte lachen müssen, aber plötzlich war es mir vorgekommen, als lachten sie über seine Unbeholfenheit. Und das hatte mich mächtig geärgert. Ich malte mir aus, wie sie noch gekichert hätten, wenn ihm das Eigelb in die Augen gelaufen und er blind gegen einen Baumstamm gerannt wäre.

Am Zaun waren nach dem Streit nur einige Kinder zurückgeblieben, und Frau Kalunke stand da, wühlte

21

schweigend in ihrer Einkaufstasche, suchte, was sie August mitgebracht hatte. Sie holte ein Päckchen hervor, wickelte das Zeitungspapier ab und sagte: „Na, was hat denn hier das Tantchen Feines?" Und kurz darauf sagte sie mit nor-
5 maler Stimme: „Zum Teufel noch mal: Nun sieht er wieder so aus wie neulich? Vorhin hatte er ein gelbes Köpfchen!" Sie reichte mir ein Stück Fleisch über den Zaun, das einen Handteller groß war. „Wird er's fressen?", fragte sie in einem Ton, als wollte sie andeuten, wenn er's nicht frisst,
10 nehme ich es wieder mit.

Selbst neugierig, legte ich August das Fleisch hin und wartete.

August wartete auch. Vielleicht hatte er noch den Ärger mit dem Ei in den Beinen?

15 „Nimm's wieder weg!", verlangte Frau Kalunke. „Die Krähe ist mit Eiern verwöhnt worden! Ehe es liegen bleibt, geb ich's meiner Katze."

August schien so müde zu sein, dass er nicht die Kraft aufbrachte, gegen ihren Mützenschirm zu schimpfen.

20 Ich bückte mich zu ihm hinab, griff nach dem Fleisch, wollte es wegziehen, und als ich es einen Zentimeter weg-gezogen hatte, sprang August auf das Fleisch, hackte zu. Nachdem er sich überzeugt zu haben schien, dass hier nichts so herumflog wie bei dem Ei, nichts auf dem Kopf
25 landete, nichts an den Füßen klebte, schlug er mit einem Eifer in das Fleisch, fraß und würgte, wie ich es bisher nicht bei ihm gesehen hatte. Zwischendurch blickte er oft zur Seite oder hoch zu einem Zweig, wo sonst Vögel saßen. Vielleicht hatte er Angst, das Fleisch könnte ihm wieder
30 weggenommen werden.

Von diesem Tag an wuchs August zusehends und wurde kräftiger. Er vermochte die kleine Wiese mit den Obstbäu-men schnell zu überqueren, wenn sich irgendwo etwas bewegte. Zuweilen kam es vor, dass er einen halben Meter
35 über das Gras schwebte, freilich so niedrig und unvollkom-men, dass die hohen Gräser seinen Bauch streiften. Die

22

kleine Kiste unterm Schuppendach suchte er nur noch selten auf. Nie bin ich dahinter gekommen, aus welchem Grund er sie trotzdem manchmal nachts als Schlafplatz benutzte; denn meistens hockte er jetzt in der Finsternis auf einem größeren Feldstein, den Mutter an die Hauswand 5 gerollt hatte, damit sie besser zu dem Haken hinaufreichen konnte, an dem sie die Wäscheleine befestigte.

Drittes Kapitel

Nicht nur Frau Kalunke war es, die uns Fleisch brachte, und nicht nur Herr Buchholtz, der uns drei Eier auf den Tisch gelegt hatte. Unsere Nachbarn zeigten sich August gegenüber durchweg sehr großzügig. Natürlich hätten wir ihn auch allein satt bekommen, doch als die Zeit heranreifte, da er lieber Sperlinge und Mäuse fraß, musste ich mich nach Hilfe umsehen, nach Lieferanten gewissermaßen, die mich mit ziemlicher Regelmäßigkeit unterstützen konnten.

Zum Glück befand sich unter den Zuschauern am Zaun ein Taxifahrer aus unserem Dorf, ein jüngerer, kleiner Mann mit einer Zigarre im Mund – ich erwähne die Zigarre, weil ich ihn nie ohne Zigarre gesehen habe –, der zu mir sagte: „Gib mir einen Beutel mit; was du für den brauchst, lese ich von der Landstraße auf und bring es dir!" So einfallsreich war der Mann. Er muss eine Vorliebe für Bussarde gehabt haben. Welch fremder Mensch übernimmt schon so eine Aufgabe und sammelt verunglückte Spatzen? August brauchte mindestens vier Stück am Tag. Später verlangte er sechs. Den mausetoten Spatzen zertrümmerte er überflüssigerweise mit dem Schnabel den Schädel, und bevor er sie verspeiste, rupfte er sie so sorgfältig, bis sie federlos und nackt im Gras lagen. Mäusen gegenüber verhielt er sich freundlicher. Sie würgte er ohne jede Zubereitung im Ganzen hinunter.

Mutter hatte für diese Art von Mahlzeiten kein Verständnis und lief jedes Mal mit geschlossenen Augen und seltsame Laute ausstoßend davon. Mit Vergnügen erinnerte sie sich der mühevollen Verfütterung von Eiern. „Das war schön", sagte sie, „Da war er noch klein, niedlich und unbeholfen."

Hin und wieder versuchte sie daher, Augusts heftige Lust, Spatzenschädel zu zertrümmern und Mäuse komplett zu verschlingen, einzuschränken, wenn nicht gar abzuge-

wöhnen: Sie kaufte ihm beim Fleischer Koteletts. „Aber
bitte ohne Fettrand", fügte sie hinzu.

August reagierte wie ein Mensch, dem man plötzlich
statt Koteletts nackte Sperlinge serviert. Er veranstaltete ein
Geschrei auf der Wiese, mit dem er zumindest die Männer   5
und Kinder auf seine Seite brachte. Die fanden es natürlich,
dass sich August auf Mäuse und Spatzen spezialisiert hatte.
Ich übrigens auch, Mutter aber kippte die Straßenausbeute
des netten Taxifahrers weg und legte August heimlich Koteletts hin. Das erfuhr ich sofort. August kam mir eines Mit-   10
tags entgegengelaufen, zerrte ein Kotelett über die Gehwegplatten vor meine Füße und jammerte los. Was mir bisher nicht gelungen war, gelang Herrn Buchholtz, der Mutter wissenschaftlich fundiert[2] auseinander setzte: „Lassen
Sie das, sonst gewöhnt er sich zu sehr an Haus und   15
Mensch, ist zu guter Letzt kein echter Bussard mehr und
wird später keinen Anschluss im Walde finden; denn dort
gibt's ja keine Koteletts!"

Wir werden noch sehen, dass an diesem Satz nur stimm-
te: Im Wald gibt's keine Koteletts!   20

Mutter jedoch achtete Herrn Buchholtz' gut gemeinten
Rat, stellte die Geheimaktion „Koteletts ohne Fettrand für
August" ein und konnte so wenig wie Herr Buchholtz und
ich ahnen, dass unser Bussard wissenschaftliche Erkennt-
nisse total missachten würde.   25

Fortan mied sie jede Beteiligung an Augusts Spatzen-
und Mäusemahlzeiten. Nicht einmal die Tüte mit der Aufschrift „Centrum-Einkauf macht Freude" nahm sie dem
Taxifahrer mehr ab. Wenn ich nicht anwesend war, musste
er sie mit den toten Vögeln im Schuppen abstellen. Das tat   30
er, ohne zu murren. So groß war seine Liebe zu unserem
Bussard.

Am fünfzigsten Tag brachte er einen roten Luftballon

---

[2] begründet

mit: „Pass auf, Junge, ich hab eine Idee! Wir bringen August das Fliegen bei."

„Mit dem Ballon? Im Wald hat er auch keinen Luftballon und fliegt, wenn er fliegen kann!"

5 „Gewiss, aber wir wollen erreichen, dass er eher fliegt, nicht?"

Mir leuchtete nicht ein, wie ein Bussard fliegen sollte können, wenn er noch gar nicht fliegen kann, war jedoch neugierig, was der Mann mit dem Ballon anstellen wollte.

10 „Wir werden ihn reizen, seine Fluglust forcieren!"

„Forcieren? Was ist denn das?"

Nachdenklich lutschte er an seiner Zigarre. „Forcieren? Forcieren ist eben, das ist, wenn man was forciert", statt weiterer Worte krochen dicke Rauchwolken aus seinem 15 Mund, „da geht es schneller, wenn man's forciert." Er schien mit seiner Auskunft nicht völlig zufrieden zu sein, sah sich etwas im Hof um, erblickte unsere Leiter, stieg auf ihr zum Schuppendach hinauf. „Ich zeig dir's gleich", rief er von oben und plötzlich krachte es. Die roten Fetzen des 20 zerplatzten Ballons segelten vom Dach.

„Das ist forcieren?"

„Quatsch; ich bin mit der Zigarre drangekommen!"

Und ich hatte fast vermutet, das gehöre zu seinem Programm. Auf solche Pannen schien er gut vorbereitet zu 25 sein. Er holte einen neuen Ballon hervor, diesmal einen gelben. „Siehste, ich hab genügend mit!" Zum ersten Mal sah ich ihn seinen Zigarrenstummel aus dem Mund nehmen. Im hohen Bogen warf er ihn in Buchholtzens Garten und blies den Ballon auf.

30 August saß wie ein strenger Wächter still auf dem Feldstein an der Hauswand und ließ sich von der Sonne warm scheinen. Dem Mann auf dem Dach widmete er keine besondere Aufmerksamkeit. Anders die Leute am Zaun: Stumm und andächtig schauten sie zu ihm hoch. Sicherlich 35 waren einige auch gespannt, ob Forcieren das war, was sie sich darunter vorstellten.

„Und wo kommt der Wind her?", rief der Taximann.

„Von hinten."

„Günstig, günstig!" Er streckte den rechten Arm in die Höhe. Der Ballon schwebte hoch, trieb auf die Wiese.

August war von seinem Feldstein gesprungen, den Luftballon im Blick, lief er durchs Gras.

„Siehste, das haut hin! Siehste!", schrie der Taxifahrer und zeigte auf August.

Tatsächlich, der Bussard öffnete ein wenig seine Flügel, trabte mit zum Himmel gedrehtem Schnabel weiter.

„Eure Obstbäume stören", sagte der Taxifahrer. „Wenn der Ballon zwischen die Äste trudelt, missglückt das Experiment!" Er trudelte zwischen die Äste, verklemmte sich in einer Astgabel.

„Aus! Aus! Aus! Ich hab ja gesagt: Die Obstbäume sind im Wege!" Ärgerlich blickte er vom Dach auf die Baumkronen herunter und kratzte sich die Stirn. Während ich mit einem längeren Stock den Ballon aus den Zweigen stieß, lief August, dem die Blätter jede Sicht zum Luftballon versperrten, zu seinem Feldstein und sprang auf ihn zurück wie auf einen Startblock.

„Bitte Bindfaden, am besten Zwirn!"

„Und ich dachte", rief Mutter aus dem Fenster, „Sie wollen eine Säge und unsere Bäume umlegen!"

Einfälle hatte der Mann, das war nicht zu leugnen. Er knüpfte den Zwirnsfaden an den gelben Ballon und ließ ihn nur so weit wegfliegen, dass er zwischen Schuppendach und erstem Obstbaum über der freien Wiese baumelte.

Blitzschnell jagte August vom Feldstein hinüber, stieß einen jammernden Laut aus, stoppte genau unter dem Luftballon seinen Lauf und war ganz aufgeregt.

Der Ballon sank langsam herab.

August flatterte hoch.

Und der Taxifahrer zog den Luftballon wieder höher.

Auch August flatterte höher, hielt sich prächtig anderthalb Meter über dem Gras, versetzte ungewollt mit einer

Schwinge dem gelben Ballon einen Schlag, dass er weiter nach oben tanzte und August hinterherflattern musste.

„Das sind jetzt gute zwei Meter", verkündete der Mann auf dem Dach. „Weißt du nun, was es bedeutet, die Fluglust 5 zu forcieren?"

Ja, das wusste ich; es fehlten höchstens zwanzig Zentimeter und August erreichte die Kante des Schuppendaches. Ich bewunderte den Fahrer wegen seines guten Einfalls und August, weil er sich in wenigen Minuten zu einem Senk-10 rechtstarter im Anfangsstadium entwickelt hatte.

„Schade, aber ich muss nun endlich mal ein paar Fahrten machen."

Das leuchtete mir natürlich ein; schließlich wurde er nicht dafür bezahlt, dass er einem Jungbussard das Fliegen 15 beibrachte.

Er zog den Luftballon ein, stieg vom Dach.

August hockte bereits erneut auf seinem Startblock an der Hauswand, tat teilnahmslos wie immer, schien sich auf den nächsten Anlauf zu konzentrieren.

20 Der Taxifahrer gab mir eine Hand voll Ballons mit dem Hinweis, ich wüsste jetzt, wie das zu machen sei, und wenn er morgen oder übermorgen käme, brächte er eine herrliche, blitzende Spraydose, und August würde dann mit ihr Fußball spielen.

25 „Das kräftigt seine Beine und Zehen", betonte der Mann lächelnd.

Er schien eine ganze Menge solcher Sachen auf Lager zu haben, ein vollkommenes Trainingsprogramm für einen Jungbussard. Von den Leuten hörte ich, in seiner Kindheit 30 habe er mehrmals Bussarde aufgezogen. Sie bezeichneten ihn als Vogelnarr und sagten, zu Haus habe er die Stube mit Käfigen verschiedener Vögel voll hängen.

Den nächsten Ballon ließ ich vom Schuppendach steigen und fallen. August bemühte sich nach besten Kräften, die 35 gewonnene Höhe zu halten, doch ich zog und zog den Ballon noch weiter hinauf, wollte August bis zur Kante locken.

Daraus wurde nichts; nach geraumer Zeit flatterte er zur Wiese hinab.

Einige Jungs meiner Klasse, die in den Garten gekommen waren, schlugen vor, einen Wettbewerb zu veranstalten. Wem es gelänge, August zur Dachkante hochzureizen, sei Sieger.

Wir losten sofort die Reihenfolge der Ballonhalter aus. Sechs waren wir, und die Nummer sechs hatte natürlich die meiste Aussicht, zu gewinnen. Sollte sich kein Erfolg bei August einstellen, müssten wir mit dem zweiten Durchgang fortfahren. Ich hatte Nummer drei.

Rico stand oben.

Das Kommando „Ballon ab!" erscholl.

August nahm tüchtig Anlauf, stieg wie wild geworden hoch. So schnell war er überhaupt noch nicht auf den Ballon losgeflattert.

Eine furchtbare Explosion!

Die Gummifetzen schwirrten August um den Schnabel. Völlig verdutzt landete er auf der Wiese, schüttelte sich, kratzte sich mit einer Zehe am Kopf, blieb eine Weile geschockt im Gras sitzen.

„Aus! Vorbei!", meinte Rolf. „Der geht nicht mehr hoch. Von Ballons hat der genug!"

Werner fürchtete: „Vielleicht sind ihm die Trommelfelle geplatzt? Solch kleine Ohren und so'n großer Ballon? Bei der Explosion muss ja was kaputtgehen!"

Wir beschimpften Rico, der den Luftballon nicht rechtzeitig vom spitzen Schnabel weggezogen hatte. „Das ging alles zu schnell", verteidigte sich unsere Nummer eins. „Ich glaub, der hat ihn absichtlich zerhackt, vor Wut. Vielleicht hat er das Spiel satt gehabt?"

Wir stritten eine Zeit lang. Latsch, der eigentlich Frieder heißt und den wir Latsch nennen, weil sein Vater Schuster ist, war der Ansicht, man müsse Rico, der den Unfall fahrlässigerweise zugelassen hatte, während weiterer Versuche ausschließen.

Plötzlich lief unser Bussard hinüber zur Hauswand und hopste erneut auf den Feldstein. Freilich, er war recht gemächlich losgewackelt, noch beeindruckt von dem schrecklichen Knall.

5 Diese Lösung kam uns sehr gelegen, und wir freuten uns, dass es August war, der uns versöhnte.

Leider kann ich von den folgenden Versuchen nicht berichten, dass sie erfolgreich verliefen. August schraubte sich zwar weiter zum Ballon hoch, aber nur bis zu einer
10 Höhe, von der noch immer jene zwanzig Zentimeter zur Dachkante verblieben.

Er achtete nämlich darauf, dem Luftballon nicht mehr zu nahe zu kommen.

Auch Bussarde machen ihre Erfahrungen.

15 Am Morgen weckte mich Mutter zu einer Zeit, zu der zwar sie sonst aufstand, aber zu der ich noch im Bett liegen bleiben durfte. „Komm schnell mal ans Küchenfenster!"

„Was passiert?"

20 „Passiert? Das ahnst du nicht!"

Mir klopfte das Herz. Alle möglichen und unmöglichen Gedanken schossen mir durch den Kopf, selbst jener Gedanke, ihn habe jemand vergiftet, mit einer eigens für ihn präparierten Maus zum Beispiel. Oder hatte ihn der
25 Frühbus überfahren? (Noch nie war er auf der Straße gewesen!) Oder Meiers Kater gefressen? Vielleicht der? Tagsüber wagte er sich zwar nicht in den Garten, aber wie war das nachts? Vielleicht hatte August auf seinem Stein gedöst, müde vom Ballonspiel, überanstrengt von den Flug-
30 versuchen, gedöst, nicht bemerkt, wie der Kater an der Hauswand auf ihn zuschlich, geduckt, lautlos?

Diese Vielleichts verfolgten mich auf meinem Weg von der Schlafstube in die Küche.

„Guck dir das an!" Mutter stand am geöffneten Fenster.

35 „Was denn?" Das hätte ich nicht mehr auszusprechen brauchen. Ich sah August bereits steif und stolz auf der

Kante des flachen Schuppendaches, auf dem Platz, wo wir ihn mit den Luftballons hatten hinlocken wollen. Diese Überraschung wäre nur zu überbieten gewesen, wenn er mir jetzt noch mit einem Fuß zugewinkt hätte; denn als er mich am Fenster erkannte, rief er mit einem sehr schönen 5 lang gezogenen Schrei herüber.

„Du hattest wohl wirklich Angst, ihm sei etwas passiert?"

Ich nickte, unterließ es, Mutter meine Vermutungen aufzuzählen. Sie kamen mir sämtlich lächerlich vor. Nein, 10 so ein Prachtkerl wie August ließ sich weder vom Bus überfahren noch mit einer vergifteten Maus übertölpeln und schon gar nicht von Meiers schwarzem Kater überlisten.

„Angst hatte ich! Und jetzt habe ich keine Angst mehr." 15

Den kriegt niemand unter!

„Aber fortfliegen wird er eines Tages, Junge."

„Sicher. Er ist ein Bussard!"

„Und du wirst hier am Fenster stehen und August wird weg sein, für immer. Er wird dir fehlen. Keine einfache 20 Sache, denke ich mir?"

Worauf wollte Mutter hinaus? Etwa wieder auf die Koteletts? Herr Buchholtz hatte ihr doch gesagt, wenn sie ihm weiter Koteletts gäbe, würde er sich an Haus und Mensch gewöhnen und immer hier bleiben! 25

Daher sagte ich entschlossen: „Ich finde es natürlich, wenn er wegfliegt."

„Wirklich?" Sie blickte mich an, als hätte sie mich bei einer Schwindelei ertappt. Und ich hatte geschwindelt, obgleich es natürlich war, wenn er eines Tages fortflog. Nur 30 vorstellen konnte ich es mir nicht.

„Ich hätte nicht vermutet, dass dir das so selbstverständlich ist, wie du sagst!" Sie sah mich noch immer erstaunt an, mit Zweifel in den Augen, ich aber wich ihrem Blick

aus und hörte Mutter sagen: „Du musst dann eben bei
jedem Bussard, den du über dem Feld fliegen siehst, denken, das könnte dein Bussard sein, und wirst dich erinnern,
wie du ihn aufgezogen hast und er es dir verdankt, dass er
5 wie alle anderen Bussarde am Himmel kreisen kann."

Und ich hatte Mutter verdächtigt, sie wolle ihn wieder
mit Koteletts füttern.

August schien sich inzwischen mit seinem Abflug zur
Wiese zu beschäftigen. Bis jetzt hatte er unsere bewun-
10 dernden Blicke genossen und die weite Sicht übers Feld
zum Wald hatte ihm sicher auch gefallen. Er streckte den
Kopf über die Dachkante, starrte hinunter ins Gras, in die
Tiefe von zwei Meter zwanzig und wurde sich nun erst
bewusst, was er geleistet hatte. Plötzlich wandte er sich
15 um, marschierte, mit dem hellen Licht der Morgensonne
auf dem Brustgefieder, hinüber zur entgegengesetzten
Dachkante. Das Schuppendach war mit Sandpappe belegt.
Da es unter ihm hohl war, vernahmen wir jeden seiner
Schritte sehr deutlich. Links, rechts, links, rechts, links,
20 rechts, so tapste er über das Dach, und wir hörten den
abgetretenen Sand in die Regenrinne rieseln. Eine gesamte
Seite müsste ich mit links und rechts voll schreiben, wollte
ich seinen langen Marsch genau beschreiben; denn er marschierte immer hin und zurück, nachdem er gemerkt hatte,
25 die entgegengesetzte Dachkante war so hoch wie die vordere. Was nun? Da machte er am alten Platz Halt, studierte
den nahesten Apfelbaum. Zu ihm waren es fast drei Meter.
August schrie auf, schlug mit den Schwingen gewaltig,
flatterte los, erreichte den äußersten Zweig. Der war viel zu
30 schwach und gab zu Augusts Entsetzen sofort nach,
wodurch das zweite „Was nun?" für ihn aktuell wurde. Mit
den Beinen hing er nach oben an dem dünnen Zweig,
krallte sich ängstlich fest, verdrehte den herabhängenden
Kopf nach allen Seiten, wippte mit dem Zweig auf und
35 nieder. August erkannte, dass er auf diese Weise reichlich
die Hälfte des Weges schon zurückgelegt hatte und öffnete

in dem Moment die Krallen, als der Zweig am tiefsten über der Wiese schaukelte. Seitlich stürzte er ins Gras, schrie, wollte wohl mit dem Schrei das Ende seines Testfluges bekannt geben.

Nach diesem Ereignis beschäftigte mich der Gedanke stärker, August könnte doch eines Tages davonfliegen. Das würde noch nicht morgen oder übermorgen sein, aber ich wusste mit einem Mal, diese Stunde war näher gerückt. Wäre an dem Morgen der Taxifahrer gekommen und hätte gesagt, zum Schuppendach hat er's geschafft, jetzt hängen wir die Ballons zum Giebelfenster des Bodens herab und locken August auf den First des Hauses, ich hätte abgelehnt.

Zwei Tage darauf kam der Taxifahrer. Ich erzählte ihm, unsere Ballonversuche seien zwar erfolglos verlaufen, dafür sei August nachts allein hochgeflattert und habe morgens oben auf der Dachkante gehockt.

„Was? Und das nennst du erfolglos?" Er blies einige Tabakwolken schräg in den Himmel. „Erfolglos! Du bist mir vielleicht einer! Forciert haben wir's, forciert, Junge!"

Zum Glück forderte er keine weitere Forcierung, sondern hielt mir die angekündigte Spraydose hin: „Nun ist Fußball dran!"

Ich warf die Dose ins Gras, wo sie in der Sonne funkelte.

August blieb auf seinem Feldstein. Ihm schien nicht nach Fußball zu sein. Es war recht spaßig zu beobachten, wie teilnahmslos er auf einem Platz hockte, steif, stumm, fast trotzig und traurig. Längst hatte ich herausbekommen, dass er wie alle Bussarde die Teilnahmslosigkeit nur vortäuschte. In solchen Situationen hatte ich ihn besonders gern.

„Im Gras wird das nichts", stellte der Mann fest. „Für Fußball ist der Rasen zu hoch. Schmeiß das Ding auf die Gehwegplatten!"

Der Gehweg war schmal und stieg zum Tor hin etwas an. Kaum hatte ich die Spraydose am Gartentor niedergelegt, da rollte sie nämlich auf den Betonplatten zurück Richtung Feldstein.

August blieb reglos; wie selbst zu Stein geworden, hockte er auf seinem erhöhten Platz.

5 Einen halben Meter und die Dose musste gegen den Feldstein stoßen.

Da sprang August auf die Aluminiumdose, balancierte mit halb geöffneten Flügeln und versuchte, sie fest zu umkrallen. Das misslang, weil sie zu dick, rund und glatt 10 war. Also fand er keinen festen Halt und wackelte eine Zeit lang unsicher hin und her. Das ging so lange, bis sie unter seinen Füßen wegrollte.

Und das war der Beginn des Fußballspiels!

August schlug sofort heftig – ich könnte auch schreiben: 15 wütend! – mit dem rechten Bein nach. Die Büchse stolperte den Plattenweg ein Stück hinauf, rollte jedoch zu seinem Erstaunen auf ihn wieder zu. Mutig lief er ihr entgegen, ein wenig misstrauisch zunächst, und versetzte ihr einen zweiten Schlag, wartete, ob sie genug hatte. Sie kullerte jedoch 20 abermals den Weg herunter, hatte es erneut auf seine Füße abgesehen. So viel Angriffslust schien er von dem funkelnden Ding nicht erwartet zu haben und so kam August jetzt erst richtig in Stimmung, angefeuert von den Zuschauern, die laut „August, August, August!" riefen. Ein zweiter 25 Chor, die Jungs aus meiner Klasse, brüllten: „August vor, noch ein Tor! August vor, noch ein Tor!" Er enttäuschte keinen und schlug hart zu, wartete nicht mehr ab, bis die Dose zurückrollte, sondern setzte ihr geschickt nach, trieb sie so vor sich her, dass sie gar nicht erst zur Ruhe kam und 30 schließlich polternd gegen das Gartentor knallte, wo sie besiegt liegen blieb.

Großes Hallo der Zuschauer.

August ordnete seine Federn, breitete die Flügel aus, bewegte sie einige Male auf und nieder; Staub stieg hoch 35 und verstärkte den Eindruck, hier habe eben ein großartiger Wettkampf stattgefunden. Nachher flog er so tief über die

Wegplatten zu seinem Feldstein zurück, dass die Füße den Beton fast berührten. Wir waren alle sehr zufrieden mit ihm, und der Taximann war geradezu entzückt von unserem Gartenweg, lobte ihn unaufhörlich, schrie: „Das Gefälle! Das Gefälle! Wunderbar! Dass die Dose von allein zurückrollt, ist der Reiz dieses Platzes. Tolle Sache, kann ich nur sagen." Ich weiß nicht, wer den Plattenweg angelegt hat, kann mir aber gut vorstellen, dass derjenige an alles, nur nicht an ein Fußballfeld für einen Bussard dachte.

Nachdem August erneut auf seinem Stein hockte, unbeweglich wie zuvor, sagte jemand am Zaun: „Halbzeit!"

Mir verbleibt zu berichten, dass wir an diesem Tag das Spiel so lange wiederholten, bis das Abenddunkel in den Garten fiel und August, nachdem die Zuschauer gegangen waren, zum Schuppendach hoch schwebte, um sich von Kampf und Ruhm zu erholen. In seinem Rücken ging der Mond auf, der sehr groß und gelb war und aus dem dunklen Walde kam. Von fern hörte ich die Räder eines Ackerwagens auf dem Kies knirschen. Danach war es still.

Mutter rief mich.

Bevor ich ins Haus trat, sah ich noch einmal zu August hoch. Groß und schwarz stand er vor dem gelben Mond auf dem Dach wie eine aus Holz geschnitzte Figur.

Viertes Kapitel

Eine Woche später war August verschwunden. Das war der einundsechzigste Tag. Um unser Traurigsein vollkommen zu machen, regnete es auch noch unablässig. Ich suchte den
5 Garten ab, die Bäume, die Dächer, die Straße, die Hecke; nichts, kein August.

„Und so plötzlich", sagte Mutter.

Es hörte sich an wie: Nicht einmal verabschiedet hat er sich von uns.

10 Auf dem Weg zur Schule blickte ich öfter zum Himmel als auf die Straße und während des Unterrichts sah ich andauernd aus dem Fenster. Andere meiner Klasse übrigens auch; ich hatte es ihnen sofort morgens berichtet.

Wir hatten gerade Deutsch bei Frau Pallasch. „Was
15 guckt ihr denn in einem fort zum Himmel? Es regnet doch bloß!"

„Sein August ist weg!", sagte Rico und wies mit einer Kopfbewegung in meine Richtung.

„Bei dem Regen? Das ist nicht möglich. Der sitzt irgend-
20 wo und kommt nachher wieder."

Frau Pallasch war nur einmal am Zaun gewesen, um sich August anzusehen und wusste nicht, dass er Regen besonders liebte und den schützenden Dachvorsprung missachtet hatte, um sich richtig voll regnen zu lassen. Sie ermahnte
25 uns, nicht mehr aus dem Fenster zu schauen.

Wir schauten trotzdem aus dem Fenster, nur waren wir vorsichtiger geworden, taten es, wenn sie uns den Rücken zuwandte und etwas an die Tafel schrieb.

Kurz vor Schluss der Schulstunde wanderte ein Zettel
30 durch die Bankreihen und gelangte bald zu mir. Darauf stand mit fettem Rotstift geschrieben:

Neueste Meldung!

August sitzt auf Ratschewills Dach

rechts neben der Esse!!!

gez. XP

35

36

XP nannten wir einen Schüler, der Mitglied der Arbeitsgemeinschaft „Junge Funker" war und einmal in der Woche
ins Pionierhaus[3] der Stadt fuhr.

Ich war fest überzeugt, es konnte nur August sein, der
auf Ratschewills Dach saß und sich absichtlich dem Regen
aussetzte. Leider war die Meldung nicht sofort nachprüf-
bar. Unser Klassenzimmer befand sich im ersten Stock,
und die Fenstersimse waren so hoch, das wir von den Bän-
ken aus kein Dach des Dorfes, sondern nur den Himmel
sehen konnten. Um aufstehen zu können, musste ich warten, bis Frau Pallasch einen längeren Satz an die Tafel
schrieb. Ich verbrachte die Zwischenzeit damit, dass ich
XP heftig und dankbar zunickte, worauf er zurücknickte,
was den anderen Schülern nicht entging. Daraufhin nick-
ten dann einige mir zu, um sich zu vergewissern und einige XP, sodass es bald nur noch Frau Pallasch war, die nicht
nickte.

Empört fragte sie: „Was soll denn nun dieses alberne
Genicke wieder bedeuten?"

XP meldete sich unerschrocken: „Ich habe August auf
Ratschewills Dach entdeckt!"

„So?" Den Stolz in seiner Meldung musste unsere Lehre-
rin herausgehört haben; sie blickte sofort von der Klasse
weg durchs Fenster auf Ratschewills Dach. „Ja, dort sitzt
er! Steht auf, guckt ihn euch an und danach ist ab sofort
äußerste Ruhe!"

Geschlossen sprang die Klasse hoch.

Latsch rief: „Das ist nicht August!"

„Auch das noch", meinte Frau Pallasch.

„Eine Taube ist das", sagte ich enttäuscht, setzte mich
gleich wieder.

„Falschmeldung", murmelte Rolf. „XP gibt Falschmel-
dungen durch, pfui!"

---

[3] Junge Pioniere = Jugendorganisation in der DDR

„Im Regen sieht's eben wie'n Bussard aus", verteidigte sich unser Funker.

Du irrst, dachte ich. Erstens ist August viel größer als eine Taube, zweitens sitzt er im Gegensatz zu ihr auch im Regen aufrecht und würdig.

Die Pausenklingel rettete die Stunde.

Mittags war Augusts Verschwinden im halben Dorf bekannt. Mutter kam erschöpfter als sonst von ihrer Konsum-Verkaufsstelle nach Hause. Die Kunden hatten sie ausgefragt. Einige verdächtigte meine Mutter sogar, nur wegen August einkaufen gekommen zu sein.

„Ob er nicht doch wiederkommt?", war sie gefragt worden.

„Es tut einem richtig Leid; das war ein zu spaßiger Kerl!"

Andere versicherten ihr: „Na, getan haben Sie und Ihr Junge, was Sie konnten", worauf meine Mutter erwidert hatte: „Nicht nur wir! Viele haben uns geholfen."

„Das stimmt auch wieder", hatten sie geantwortet und dann hatten sie die Eier aufgezählt, die sie Mutter mitgaben.

Mir erging es ähnlich. Frau Kalunke trat mit einem Gesicht auf mich zu, als wäre ein Nachbar verstorben: „Junge, dein herrliches Vögelchen ist fortgeflogen? Kam er mir nicht immer sofort entgegengehüpft, wenn er mich sah, und piepste?" Sie guckte mich an, als hätte sie Zahnschmerzen. Ihre gehäkelte Schirmmütze war an diesem Tag das größte Exemplar, das ich jemals gesehen hatte. Wie würde August heute piepsen, wenn er Pramo-Liesbeths Kuchenbrett erspähen könnte, dachte ich.

Ich hatte genug. Diese Grabreden waren mir über. August war weggeflogen, dorthin, wo er hingehörte. Das war so traurig für mich wie für ihn selbstverständlich. Was hatten wir sonst zu erwarten gehabt? Nein, da wollte ich mit meinem Kummer lieber allein bleiben. Mutter hatte schon Recht: Du musst eben bei jedem Bussard, den du über dem Feld fliegen siehst, denken, das könnte dein Bussard sein.

Abends erfuhren wir von Herrn Buchholtz, er habe August am Morgen wegfliegen sehen. „Ich wollte euch bloß nicht wecken; gerade als ich mein Motorrad aus dem Garten schob, flog er übern Hof zum Wald." Mein etwas bedrücktes Gesicht verführte ihn, noch zu bemerken: „Na ja, ich weiß, man gewöhnt sich zu schnell an so ein gutes Tier!"

Die Leute blickten im Vorbeigehen nach wie vor über den Zaun. Da war aber nichts mehr außer einem Garten, der jetzt allen Gärten ähnelte. Mit jedem vergehenden Tag schwand auch ein Stück Hoffnung, August käme zurück, aber ich sah und hörte zu meiner Verwunderung, die Einwohner vermissten ihn fast so sehr wie ich und wünschten seine Rückkehr herbei. Das war am zweiten Tag nicht anders als am vierten, und am fünften geschah, was die meisten nicht mehr für möglich gehalten hatten: August traf mit Gezeter ein und ließ sich aufgeregt auf der berühmt gewordenen Dachkante des Schuppens nieder, jammerte drauflos und berichtete uns, was ihm in der Fremde widerfahren war.

Die Leute waren so erleichtert wie ich, nur schade, dass wir kein Wort verstanden und nie erfahren werden, was er in den fünf Tagen erlebt hatte. Wir können nur vermuten, dass er keinen Freund dort draußen fand oder keine Freundin, die ihm so sehr gefiel, dass er über sie uns und unser Dorf hätte vergessen können. Möglich ist sogar, dass ihm auf dem Feld und im Wald seine Zuschauer fehlten. Stolz war er immer gewesen, weshalb sollte er nicht auch eitel geworden sein, sodass er auf die Bewunderer nicht mehr verzichten wollte?

Seine Ankunft sprach sich im Dorf so schnell herum wie sein plötzliches Verschwinden vor fünf Tagen. Das war von Vorteil, weil wir seine Verpflegung nicht mehr vorrätig hatten und der Taxifahrer sich auf Fernfahrt befand, sodass wir es begrüßten, als ein LPG[4]-Bauer mit dem Rad bei uns auftauchte und ein krepiertes Hühnchen brachte. August nahm es gleich in seine Fänge, trug es schreiend zu unserem Hausdach hinauf. Die Eigenschaft, hoch oben zu speisen, musste er aus der Fremde mitgebracht haben; bisher hatte ihm die Wiese genügt. Das war jedoch nicht die einzige Neuerung: Nach dieser Empfangsmahlzeit flatterte er zur Fernsehantennenanlage auf dem First und sprang aufs II. Programm. Der erste Stab schnappte unter Augusts Last sofort aus der Halterung und klirrte auf die Dachziegel herab. Erschreckt hüpfte er zum nächsten, der daraufhin dem ersten in den Abgrund folgte. Der dritte Querstab schwirrte den beiden hinterher, der vierte hielt merkwürdigerweise stand, was August veranlasste, den fünften misstrauisch zu probieren. Der fetzte auch aus der Klammer, flog in die Tiefe. Nun hüpfte er nicht etwa zum vierten zurück, sondern prüfte gewissenhaft den sechsten, siebenten, achten und neunten Stab, die das Schicksal ihrer Vorgänger erlitten und ebenfalls vom Dach herab auf die Gehwegplatten klimperten. Als er den Dipol, jene aus Aluminiumrohr gebogene Schleife, erstürmt hatte, blieb er erleichtert sitzen und genoss die Gewissheit, dass er sich auf die restlichen drei Stäbe verlassen konnte. Somit befand sich unsere Fernsehantenne in einem unbeschreiblichen Zustand und taugte nur noch, unseren August zu empfangen.

Die Leute witzelten tüchtig herum, meinten, das zweite Programm würden wir jetzt nicht mehr sehen können, dafür sähen wir nun vielleicht August abends auf der Mattscheibe. Im Stillen dachte ich mir, ihr freut euch so unbeschwert, weil es unsere Antenne ist, die er zerfledert hat. Ahnt ihr denn nicht, was euren Fernsehantennen droht?

---

[4] LPG = Landwirtschaftliche Produktionsgenossenschaft

Am Abend steckte Herr Buchholtz seinen Kopf zu unserem Fenster herein und fragte: „Habt ihr'n Bild?"

„Ja", sagte Mutter.

Und ich sagte gleich mit: „Ja, haben wir."

„Haben Sie denn keins? Wir kriegen das erste Programm 5 noch gut!" Mutter unterließ es, Herrn Buchholtz anzugucken.

„Und ich dacht, es wäre 'ne Bildstörung."

„Na, so kann man's auch nennen", erwiderte Mutter.

„Kriegen Sie gar nichts?" 10

„Nichts; kein erstes, kein zweites, alles tot!"

„Was Sie nicht sagen!"

Während ich mir das Lachen verkneifen musste, bewunderte ich Mutters Gelassenheit.

„Da wird wohl die Röhre hin sein, verdammt! Und die 15 kostet ja was!"

„Ach, Sie müssen nicht gleich das Schlimmste befürchten, Herr Buchholtz", sagte Mutter, „es kann an Ihrer Antenne liegen. Gucken Sie lieber mal nach!"

„Meine Antenne? Die ist nagelneu und von mir persön- 20 lich vorige Woche montiert worden. Eigenbau! Hält jeden Sturm aus, sage ich Ihnen, jeden!"

„Jeden?"

„Jeden! Wie eine Eins steht die auf meinem Dach", worauf er sich gemächlich umwandte und hochschaute. 25

Entsetztes Schweigen.

Lähmende Stille.

Wir sahen unserem Nachbarn an, dass der Glaube an seine Antennenanlage aufs Tiefste erschüttert war. Die Verwüstungen mussten totaler Natur sein. Wir liefen ans 30 Fenster. Der bleiche Mond schien auf eine nackte Stange, die wie ein weißer Knochen in den Himmel ragte.

„War hier denn so ein furchtbarer Sturm?", fragte Herr Buchholtz.

„Nö, eigentlich nich", erwiderte Mutter. „August ist 35 zurückgekommen."

„Wer?"

„August!"

„Na schön, dass er wieder da ist, aber mich interessiert jetzt nicht Ihr August, sondern meine Antenne; das müssen Sie bitte verstehen."

„Versteh ich, wo es Sie besonders hart getroffen hat, Ja, ja, Herr Buchholtz, der August", sagte Mutter und lächelte.

„August?"

„August, jawohl."

„Nein!"

„Doch! Bei uns hat er sich zunächst mit dem zweiten Programm begnügt, aber wissen wir, wie er sich morgen dem ersten gegenüber verhält?"

Herr Buchholtz verließ uns, ohne gute Nacht zu sagen. Es tat uns Leid, dass ausgerechnet er der Nächste gewesen war, den es erwischt hatte. Schließlich hatte er nicht mit am Zaun herumgewitzelt, sondern brav außerhalb des Dorfes seine Arbeit im Walde verrichtet.

In den kommenden Wochen zog August seine Kreise immer größer überm Dorf, erkundete Haus um Haus, Hof um Hof, Garten um Garten.

Kein Feld interessierte ihn mehr, kein Wald. Die meisten Nächte verbrachte er auf einem der Wäschepfähle. Früh erschien er pünktlich vor dem Küchenfenster, stieß einige Schreie aus. Bevor ich ihm sein Fressen aus der CENTRUM-Tüte hinaus auf den Weg kippte (der Taximann lieferte wieder), strich ich ihm über Kopf und Rücken, eine Vertraulichkeit, die er sich nur von mir gefallen ließ. Ich muss auch sagen, August war ernster geworden. Die Zeit der Luftballons und der Spraydose war ein für allemal vorbei.

Bussarde erscheinen im Allgemeinen nicht über einem Dorf und lassen sich schon gar nicht auf einem Dach oder Zaunpfahl nieder. Man kann sich also denken, welch Aufsehen mein August im Dorf hervorrief, als er mal da und mal dort erschien. Die Größe des Vogels verwirrte viele Leute auch dann, wenn er nur still auf einem Baum oder dem Geländer des Baches saß. Und scheu war er nicht; dazu hatte er sich viel zu sehr an die Menschen gewöhnt. Manche machten einen Bogen um ihn, mieden sogar den Steg des Baches, wenn er auf dem Holzgeländer hockte, andere liefen an ihm vorüber, ohne dass er von ihnen Notiz nahm. Die Mutigsten ließ er einen Meter herankommen; dann erst öffnete er unlustig die Schwingen und flog weg.

Es gab auch Bewohner, die froh waren, wenn sie erzählen konnten: „August war heut bei uns. Er hat lange auf der Teppichklopfstange gesessen!"

Andere waren nicht froh: „Der hat auf unserer Antenne herumgewirtschaftet, wie wenn er etwas gegen's Fernsehen hätte. Drei Stäbe sind futsch."

Bemerkenswerterweise ergriffen meist die Frauen Partei für August, indem sie ihre Männer tadelten: „Was kann schon so ein Vieh dafür? Ich hab meinem Mann oft genug gesagt, du musst mal die Schrauben nachziehen, wo alles durchgerostet ist."

Besonders schlimm waren jene Leute dran, die sich wie Herr Buchholtz ihre Antennen selbst gebastelt und anstelle der Querstäbe dünnen Kupferdraht benutzt hatten. Hartnäckig und ahnungslos probierte August auch darauf Stäbchen für Stäbchen aus und fand zu seinem Entsetzen nicht ein einziges, auf das er sich hätte verlassen können. Sie knickten bei jedem Sprung sofort weg. Woher sollte er wissen, dass unter diesen Selbstanfertigungen nicht eine einzige etwas taugte?

Augusts Angriff auf die Fernsehantennen brachte uns manchen Ärger ein und ihm einen neuen Namen: Antennenaugust! Der blaue Wartburg mit der weißen Aufschrift „Fernseh-Service" kam nun öfter aus der Stadt ins Dorf. Zu den wenigen Leuten, die noch Humor zeigten, gehörten die Arbeiter dieses Dienstleistungsbetriebes. Sie bewunderten

August, weil sie ihn bis dahin nicht gesehen hatten. Von zwei Familien erhielten wir die Reparaturrechnungen zugeschickt, doch meine Mutter weigerte sich zu bezahlen: „Wenn wir erst damit anfangen, kommen alle!" Sie ent-
5 schuldigte sich lediglich bei den Geschädigten, was vollkommen sinnlos war, weil wir Antennenaugust nicht wie einen Menschen belehren konnten, das nicht mehr zu tun.

Nachdem er die meisten Antennen überprüft hatte und der Fernseh-Service seinen Spuren reparaturwillig gefolgt
10 war, machte sich auf beiden Seiten Zufriedenheit breit: August vermochte keine mehr herunterzutrampeln, die Fernseh-Service-Leute waren ohne Arbeit und verschwanden wieder aus dem Dorf. Das war so um den neunzigsten Tag herum. Von den Einwohnern waren vor allem jene
15 nachtragend, die ihre selbst gebastelten Antennen durch gekaufte und damit ordentliche ersetzen mussten.

Was blieb, war Augusts neuer Name:

Antennenaugust

Fünftes Kapitel

Einen Satz aus diesen Wochen habe ich besonders gut in Erinnerung: „Sagen Sie Ihrem Jungen, er soll seinen wild gewordenen Mäuseadler in den Wald schaffen, sonst kriegen wir noch mehr Ärger im Dorf!" Das hatte der Bürgermeister meiner Mutter aufgegeben. Ich gestehe, auch mir war in den Tagen von Augusts Antennenaktion dieser Gedanke gekommen, da Mutter viel mehr auszustehen hatte (besonders im Konsum!) als ich; denn in meiner Klasse befand sich über die Hälfte der Schüler noch auf meiner Seite. Doch nun war wieder Ruhe eingetreten und so verlor die Mahnung des Bürgermeisters an Gewicht.

Herr Buchholtz war nicht ganz so deutlich geworden: „An deiner Stelle würde ich ihn vielleicht in den Wald bringen."

Obgleich er zu den Geschädigten gehörte, schien er August noch zugetan zu sein, sonst hätte er nicht vielleicht gesagt, sondern strikt verlangt: Bring ihn sofort in den Wald, aber dalli, mein Lieber!

Ich berichtete von dem LPG-Bauern, der nach Augusts Rückkehr mit dem Rad kam und das verendete Hühnchen brachte. Neben dem Taxifahrer war er der zuverlässigste Lieferant. Er arbeitete nämlich auf der Hühnerfarm und bei fünfundzwanzigtausend Hühnchen war es keine Seltenheit, dass ein paar von Zeit zu Zeit starben. Eines späten Nachmittags betrat der Mann mit erhitztem Gesicht und dreckigen Stiefeln unser Wohnzimmer. Ich sah, dass er kein Hühnchen bei sich trug: „Heut hat's wohl nicht geklappt?"

„Geklappt? Ausgehühnelt hat sich's!"

„Wie denn, Sie bringen mir keine mehr?"

„Komm mal mit!"

Gehorsam trabte ich neben ihm her. Ich ahnte Furchtbares, ohne zu wissen, was es sein könnte. Schweigend liefen wir einige Häuser weiter, dorthin, wo er wohnte. Er führte mich in seinen Garten. Auf der Wiese stand ein großer

Zuber voll Wasser. „Na?", machte der Mann und blickte mir böse ins Gesicht. Danach wandte er seine Augen von mir ab und schaute ebenso streng auf den Holzbottich. „Was siehste?"

5 Ich sah verschmutztes Wasser und einen reichlich verschmutzten Bottichrand. In und auf dem Wasser waren ungezählte Flaumfedern von Augusts Kleid. Auf dem trüben Grund erkannte ich deutlich eine tote Maus.

„Würdest du da drin baden?"

10 Ich schüttelte den Kopf und dachte: Um Himmels willen, in der Brühe baden!

„Siehst du, und ich muss baden! Jeden Morgen fülle ich mir den Zuber voll Wasser und das Wasser erwärmt sich tagsüber in der Sonne und wenn ich abends dreckig nach

15 Hause komme, steige ich in den Bottich. Seit Anfang der Woche kann ich das nicht mehr, weil einer immer schon vor mir gebadet hat und das Wasser versaut."

Dass August täglich nun noch ein perfektes Bad nahm, war mir neu und überraschte mich, aber ich stellte es mir

20 vergnüglich vor, zuzusehen, wie er planschte und so sagte ich: „Das können wir schnell ändern."

„Können? Müssen und zwar sofort!"

„Wir haben auch einen Zuber, genau den gleichen!"

„Euer Glück!" Der Mann nickte nachdenklich. „Und ich

25 kann mir nun das Wasser wieder warm machen! Sehr dankbar zeigt sich deine Wunderkrähe mir gegenüber nicht gerade."

Ich stellte unseren Zuber auf die Wiese, füllte ihn früh mit Wasser, achtete darauf, dass er immer in der Sonne

30 stand. Es konnte ja sein, dass August warmes Wasser bevorzugte.

Er strich unter den Obstbäumen dahin, hatte sicher den Holzbottich bemerkt, beabsichtigte aber nicht, in unserem Zuber zu baden.

35 Misstrauisch schlich ich mich in die Nähe des Gartens des LPG-Bauern. Das war kurz vor Mittag und die Sonne

schien sehr heiß. August stand oder strampelte – so genau konnte ich es nicht sehen – in dem fremden Zuber, schlug mit den weiten Flügeln mächtig aufs Wasser, spritzte, klatschte, dass das Wasser über den Rand schwappte und zu kleinen Fontänen hochstieg. Wie ich das sah, hatte ich ihn so lieb wie nie zuvor und brachte es nur schwer fertig, ihn aus dem Bottich zu heben, worauf er so wild und ärgerlich war, dass er sofort wieder hineinsprang. Ich packte ihn erneut, trug ihn zu unserem Zuber im Garten, stellte ihn hier ins Wasser. Daraufhin erhob er ein tolles Geschrei und Gezeter, hüpfte gleich wieder heraus. Ich hielt ihn fest, stellte ihn abermals in unseren Bottich, worauf er wieder heraussprang, mir mit einer wütenden Bewegung aus den Händen glitt und zur Blautanne hochflog, wo er sich putzte.

Herr Buchholtz sagte: „Du kannst einem Bussard etliche Dinge angewöhnen, aber abgewöhnen kannst du ihm gar nichts. Bring ihn in den Wald!"

Solch ein Anlass war mir zu gering. Sollte der Mann doch seinen Holzbottich mit Brettern abdecken, und das Wasser blieb sauber! Freilich, es erwärmte sich nicht so sehr, dafür war es draußen heiß genug. Was ich an diesem Fall bedauerte, war, der Mann brachte mir keine Hühnchen mehr. Das entging auch Antennenaugust nicht. Vier Tage nach dem Ausbleiben dieser Ration von der Hühnerfarm bediente er sich selbst und holte drei Stück hintereinander, und zwar quicklebendige, keine krepierten. Auf unserem Dach machte er ihnen ungeniert den Garaus. Das Knacken der Knochen dort oben werde ich niemals vergessen! Junge, sagte ich zu mir und meinte ihn: Jetzt wird's ernst! Nicht einmal Mutter wagte ich es zu erzählen. Eigenartigerweise mussten sie es auf der Farm nicht bemerkt haben; niemand beklagte sich.

Tags darauf holte August vier Hühnchen. Die lebenden schienen seinen Appetit mehr anzuregen als die toten. Die Federn trudelten von unserem Hausdach. Auf unserer

Wiese sah es aus, als sei ein Fuchs eingebrochen und habe einen ganzen Stall ausgeräumt.

Abends besuchten uns zwei Männer, einer von der LPG, einer vom Rat der Gemeinde. Sie tobten nicht etwa herum, nein, das Gespräch mit Mutter verlief so freundlich wie widerspruchslos: „Zwei Möglichkeiten gibt es: Der Junge schafft ihn in den Wald oder Buchholtz muss ihn erschießen!"

„Nicht erschießen, bitte", sagte ich, obwohl sie mich nicht gefragt hatten.

Die beiden lächelten mitleidig; der vom Gemeinderat sagte: „Wir verstehen dich schon, aber du musst auch uns verstehen."

„Ich verstehe ja, nur erschießen lassen dürfen Sie ihn

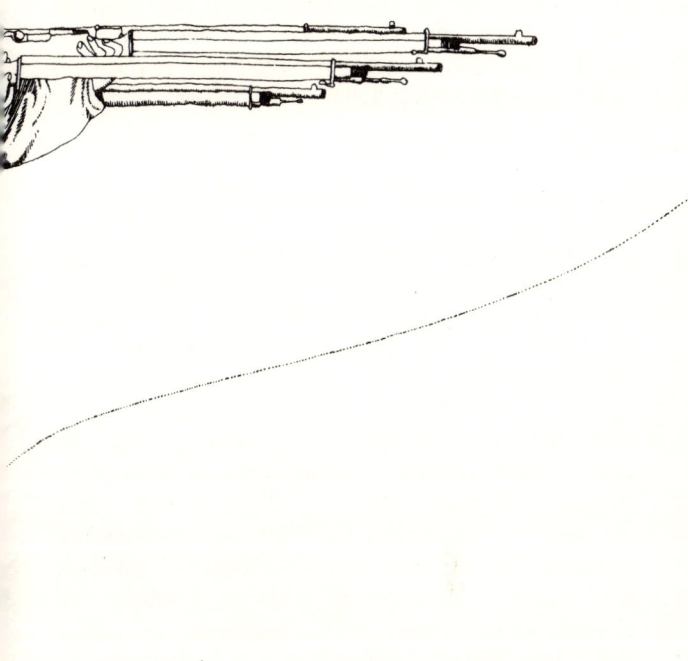

nicht! Ich bringe August, wenn Sie wollen, noch heute in den Wald. Nur erschießen dürfen Sie ihn nicht."

Der Mann vom Gemeinderat lächelte erneut und sagte: „Na, lass mal, jetzt ist's finster. Nachts schlafen alle Bussarde, sogar deiner, also bring ihn morgen früh raus, ja?" 5

In dieser Nacht schlief ich verdammt unruhig und träumte alles durcheinander, was mit August irgendwie zusammenhing. Einmal sah ich ihn vor der weiß getünchten Wand der Hühnerfarm sitzen, mit gefesselten Füßen und Flügeln 10 und verbundenen Augen. Ein Stück ab von ihm standen fünf riesengroße Bauern mit langen Gewehren und zielten auf ihn. Das Kommando „Feuer!", schrie der LPG-Vorsitzende. Ein andermal hockte August auf dem Rand des

49

Holzbottichs und von hinten schlich sich jener Mann, der nach der Arbeit immer im Zuber baden wollte, mit glühenden Tauchsiedern – in jeder Hand einen! – an ihn heran. Solch verrücktes Zeug träumte mir. Seltsam, von Herrn Buchholtz träumte ich nicht. Schließlich sollte er ihn erschießen! Vielleicht hielt ich es überhaupt nicht für möglich, dass der Mann meinen Bussard umbringen sollte, der ihn im Wald gerettet und uns zur Pflege gebracht hatte. Es kostete mich keine Überwindung, Antennenaugust morgens am Küchenfenster festzuhalten, in einen Korb zu stecken und den Korb mit einem Sack zuzubinden, um ihn in den Wald zu bringen. Mir war, als bewahrte ich ihn vor dem schrecklichen Tod durch Erschießen, einem Vorgang, den ich mir in Wirklichkeit nicht vorzustellen vermochte. Den Korb klemmte ich hinten auf den Gepäckträger. Dann fuhr ich mit Antennenaugust am hundertundneunten Tag unserer Bekanntschaft hinaus und über das Feld. Still saß er hinter mir, spürte den Fahrtwind, der durch die Ritzen des Weidenkorbes blies und verhielt sich so artig, dass ich annehmen musste, die Reise sei ihm angenehm. Später im Wald erreichte ich den Sonnenhügel – ein Berg mit vielen Felsen und hohen Buchen – und musste vom Rad steigen, den Berg hochlaufen. Als ich den oberen Rand der Kuppe erklommen hatte, ging die Sonne auf. Ich nahm den Korb vom Gepäckträger, stellte ihn auf den Waldboden, und in diesem Moment begann Antennenaugust mit den Flügeln zu schlagen, so gut es in der Enge möglich war. Kaum hatte ich den Sack heruntergenommen, flatterte August heraus, schwebte zum nächsten Fels, blieb dort sitzen und blickte zu mir herab, wollte wohl warten, bis ich wegfuhr.

„Komm nicht wieder ins Dorf, August! Hörst du, komm nicht zurück! Die wollen dich umbringen, erschießen wollen die dich!" Ich weiß heut nicht mehr, ob ich das tatsächlich zu ihm gesprochen habe oder ob ich es mir nur dachte; wahr ist, dass er so lange auf dem Fels sitzen blieb, wie ich ihn und er mich sehen konnte. Wieder unten ange-

50

kommen, lehnte ich mein Rad gegen den Stamm einer Buche, schlich noch einmal den Berg hinauf, wich herabgefallenen Ästen und Zweigen aus, um jedes Geräusch in der morgendlichen Stille des Waldes zu vermeiden. Die Sonne schien mir jetzt warm auf den Rücken. Als ich mich dem 5 Fels so weit genähert hatte, dass ich ihn gut von anderen Felsen unterscheiden konnte, sah ich keinen August mehr sitzen.

In der Zeit darauf passierte es öfter, dass verschiedene Einwohner behaupteten, August im Dorf gesehen zu haben. 10 „Heut ist er bei Kugelmanns gewesen", hörte ich, „aber Frau Kugelmann soll ihn mit dem Schrubber vom Birnbaum getrieben haben!" Na, so sah die gerade aus! Diese Nachrichten liefen wie Unglücksbotschaften durch den Ort. Glauben konnte ich sie kaum; wäre Antennenaugust im 15 Dorf gewesen, so nicht, ohne mich aufzusuchen. Übrigens fand ich es ungerecht, dass die meisten nur noch schlecht und böse von ihm sprachen; unter ihnen waren welche, die ihm Eier gebracht hatten, abgesehen von den Leuten, die sich als Zuschauer eingestellt und über seine Späße recht 20 ausgiebig gelacht hatten.

Neun Tage war August fort, da kam es mir vor, als hätte ich seinen Schrei am Küchenfenster vernommen. Es muss sehr früh gewesen sein, etwa die Zeit, wo ich ihn sonst gefüttert hatte. Doch am Fenster war er nicht zu sehen! 25 Vielleicht hatte ich es nur geträumt?

Eine Stunde später saß ich mit Mutter am Tisch zum Frühstück, da knallte unser Gartentor so laut zu, dass wir erschrocken hinausblickten und Frau Kalunke den Gartenweg herabkommen sahen. 30

„Jetzt mach dich auf etwas gefasst", sagte Mutter. „Sie hat den Arm verbunden."

„August?"

„Was sonst, Junge!" Sie strich sich nervös die Haare aus dem Gesicht, setzte sich auffallend gerade und meinte: „Du 35 bist still! Kein Wort! Ich mach das schon mit ihr."

„Wo ist dieses Mistvieh?", schrie Pramo-Liesbeth draußen im Flur. In der nächsten Sekunde war sie im Zimmer,
stolperte vorn an der Tür. Barköpfig stand sie vor uns. Sie
hatte nicht einmal Zeit gefunden, eine ihrer Riesenmützen
aufzusetzen. „So habe ich mir das gedacht", brüllte sie,
lächelte spöttisch, holte Luft. „Während unsereins von
Ihrem tückischen Federbalg überfallen wird, sitzen Sie
gemütlich und frühstücken!"

„Aber Frau Kalunke ..."

„Keine Ausreden! Hier ist der Beweis!" Sie hatte den
Verband abgewickelt, streckte den Arm über Brot, Butter
und Marmelade aus. „Bitte!"

Im Gegensatz zu Mutter, die die Wunde im Sitzen gut
erkennen konnte, musste ich aufstehen; denn Frau Kalunke
hielt den Arm zu hoch für meine Größe.

„Ach", schrie sie mich an,

„dir ist sie noch nicht groß genug?"

Sofort setzte ich mich. Schließlich wollte ich die erregte Frau nicht noch mehr reizen.

Die Wunde ähnelte einer geplatzten Vogelkirsche.

„Ich hol gleich Sepso", sagte Mutter, lief zum Schrank.

Erbost wandte sich Pramo-Liesbeth um: „Das lassen Sie 5 mal sein! Wollen Sie vielleicht den Tatbestand verschleiern?"

„Ich will nichts verschleiern, ich will mit der Tinktur die Wunde desinfizieren."

„Das bleibt alles, wie es ist! Ich fahr nämlich zum Arzt!" 10

„Können Sie ja trotzdem ..."

„Das will ich meinen. Und genau deshalb wird vorher nichts tennitiffiziert. Kann ja was reingekommen sein! So ein Vogelbiest hackt in jedem Dreck rum!"

„Eben, Frau Kalunke, eben." 15

Trotzdem weigerte sie sich hartnäckig weiter, von Mutter das Sepso zu nehmen, lehnte es ab, sich beim Verbinden helfen zu lassen. „Und erzählen werde ich es im ganzen Dorf. Da könn' Se sich drauf verlassen."

Wir verließen uns darauf – und wurden nicht enttäuscht! 20

Ein wenig erschöpft sagte Mutter: „Es tut uns sehr Leid. Gerade Sie, Frau Kalunke, waren immer so lieb zu ihm und haben dem August manches Ei'chen gebracht."

Bei Ei'chen fiel mir ein, wie Pramo-Liesbeth den August am Zaun vollgeschwärmt hatte: Und was für ein zucker- 25 süßes Schnäbelchen du hast, ein Schnäbelchen mit einem goldigen Häkchen!

„Und wo ist jetzt die Dreckseule?"

„Wir dachten, im Wald? Der Junge hat ihn vor neun Tagen dorthin gebracht und nun sagen Sie ..." 30

„ ... dass er hier war? Das brauch ich gar nicht zu sagen, das habe ich Ihnen eben gezeigt! Sagte ich schon, dass er tückisch ist?"

„Das sagten Sie."

„Und hinterlistig?" 35

„Das sagten Sie noch nicht!"

„Also: Ich hatte mir den Wecker gestellt für heut Morgen, und bevor es läutete, schrie mich die Eule wach."

„Der Bussard!"

„Du hältst deine Klappe, vorlauter Bengel, du!",
5 schnauzte mich Frau Kalunke an.

„Ich gucke also und gucke, reib mir den Schlaf aus den Augen, denke, ich seh nicht recht: Da sitzt er doch groß auf meinem offenen Kammerfenster, schreit herein. Ich red mit ihm, ich sag: Na, du bist mir ja einer, weckst das
10 Tantchen, bevor der Wecker läutet? Aber da kommt mir der Gedanke: Vielleicht hast du deinen Wecker nicht gehört? Ich gucke aufs Zifferblatt: Tatsächlich, es war schon fast eine Stunde darüber und so lob ich ihn noch, den – den –"

15 „Bussard!"

„Ja, den", sie nickte mir finster zu. „Lob ihn noch, sage, sieh mal an, wenn du nicht gewesen wärst, hätte das Tantchen verschlafen. Bist du aber brav, so ein braves Tierchen; so sage ich sanft zu ihm. In dem Moment schlirrt
20 mein Wecker los – ich stell ihn immer auf einen Teller, damit er schön laut läutet – und wie er so losschlirrt, kommt das gemeine Vieh aufs Bett gestürzt, hackt mich in den Arm! Ist das nicht tückisch, nicht hinterlistig?"

Mir war sofort klar: Da sich August mit Weckern nicht
25 auskannte, hatte er angenommen, Pramo-Liesbeth klingelt so laut im Bett und verursacht diesen schrecklichen Lärm. Und da hatte er den Angriff zurückgeschlagen.

Anstandshalber fragte die Mutter: „Und was war mit Ihrem Wecker los?"

30 „Nichts weiter. Was soll denn mit meinem Wecker gewesen sein? Geht's denn um den Wecker? Ich hatte ihn – bitte, versehentlich, was ja mal vorkommen kann, auch bei Ihnen! – eine Stunde zu spät gestellt. Wo ist er denn jetzt?"

„Meinen Sie August oder den Wecker?"

35 „Die Dreckseule natürlich!"

„Wir haben ihn nicht gesehen", antwortete Mutter sehr

kühl, worauf Frau Kalunke sich empört umdrehte, verschwand. Kaum war sie draußen auf dem Weg, sahen wir sie schon wieder zurückkommen und hörten sie durchs Fenster schreien: „Ich weiß, wo das Biest ist! Auf Ihrem Dach hockt er und frisst die LPG-Hühnchen. Hühnermörder! Hühnermörder!"

Mutter war ganz fertig und seufzte: „Weißt du, ich hab's jetzt aber auch satt, glaub mir's." Vom Dach trudelten die Federn an unserem Wohnzimmerfenster vorüber.

Am Abend brachte ich Antennenaugust erneut in den Wald. Diesmal blieb er nur fünf Tage. Nachdem ich ihn das dritte und vierte Mal hinausgeschafft hatte, kehrte er bereits nach zwei Tagen zurück. Vom fünften und sechsten Mal wäre nur noch zu sagen, er überholte mich jedes Mal schon auf der Heimfahrt und saß prompt zu Haus auf der Blautanne, wenn ich mit dem Rad erst eintraf.

Herrn Buchholtz sah ich kaum noch; ich hatte zuweilen das seltsame Gefühl, er weiche einem Gespräch mit mir aus. Irgendwie konnte ich ihn verstehen: Die Leute beklagten sich bei ihm am meisten, weil er doch bei der Forstwirtschaft angestellt war. Und dann war er auch noch Mitglied des Gemeinderates. Dort hatte inzwischen eine Sitzung stattgefunden, auf der Antennenaugust unter Tagesordnungspunkt vier einstimmig zum Tode verurteilt worden war. Zu allem Leidwesen kam hinzu, dass einige Eltern es fertig brachten, ihren Kindern mit August zu drohen: „Wenn du dein Tellerchen nicht ausisst, kommt August zu dir geflattert und hackt dich in dein kleines Ärmchen!" Erfreulicherweise waren es nur wenige, die sich so blöd benahmen.

Als August das sechste Mal heimgekehrt war, versuchte der Taxifahrer den Hühnchenhunger unseres gemeinsamen Freundes durch überfahrene Hasen auszugleichen. Das ging einige Tage gut, dann stürzte sich August plötzlich zu allem Überdruss noch auf Buchholtzens Hühnchen und fraß drei wie zum Hohn auf dem Dach des Nachbarn. Der erschien sofort mit seinem Jagdgewehr im Hof und schrie wütend: „Jetzt habe ich die Faxen dick!"

„Lassen Sie mal", mischte sich der Taximann ein, „wer wird denn immer gleich schießen?"

5 „Sagten Sie gleich?"

„Denken Sie doch an den Jungen", meinte der Taxifahrer leis – ich sollte es sicher nicht hören! „Sie können nicht einfach vor seinen Augen erschießen, was er lieben gelernt hat!"

10 „Wenn ich ihn bisher nicht erschossen hab, dann nur wegen des Jungen. Das ist mein Fehler, zugegeben, dass ich ihn aber erschießen muss, wo er ein ganzes Dorf terrorisiert, brauche ich Ihnen nicht noch zu erklären!"

„Mir nicht, aber dem Jungen, dem müssen Sie's erklären,
15 sonst heult er sich ja tot vor Kummer."

Herr Buchholtz stand eine Zeit lang verlegen herum, blickte zu mir, kam dann zu mir, sagte halblaut: „Du magst ihn noch immer?"

„Ja."

20 „So sehr wie früher? Das glaube ich dir nicht. Er raubt nur noch, macht Schaden im Dorf, alle ärgern sich über ihn so sehr, wie sie sich früher über ihn gefreut haben."

„Er ist ein Bussard, ein Raubvogel!"

„Bussarde sind auf dem Feld und im Wald, also ist er
25 kein echter Bussard mehr, sondern ein Einzelgänger, eine Gefahr für das ganze Dorf!"

Das wusste ich alles selber. Wozu die vielen Worte? Sie machten es mir nicht leichter. Sollte ich jetzt sagen: Sie haben Recht, erschießen Sie ihn? Nein, am Einsehen lag es
30 wirklich nicht. Ich hatte schon manchmal etwas eingesehen und trotzdem nicht befolgt. Vielleicht bessert sich das, wenn man erwachsen ist?

Da griff plötzlich der Taxifahrer wieder ein: „Hör'n Se mal, Nachbar, ich hab eine Leerfahrt nach Butzen. Das
35 dürfte so weit sein, dass ihm der Rückflug vergeht."

„Ein herrlicher Optimist sind Sie", erwiderte Herr Buchholtz, „aber damit ihr nicht denkt, mir macht das Abschießen noch Spaß, will ich mit euch hoffen." Lachend nahm er sein Gewehr. Bevor er das Haus betrat, rief er: „Ein Bussard im Taxi! Wenn das nicht komisch ist."

Der Fahrer hatte eben immer gute Ideen. 5

So geschah es wirklich, dass ein Mäusebussard in einem Taxi befördert wurde. Diesmal nahm ich den Abschied ernst. Selbst Mutter stand mit am Auto. Wir schauten dem Wolga so lange hinterher, bis er oben auf der Hauptstraße, wo die drei großen Linden stehen, um die Kurve fuhr. 10

Am nächsten Morgen blickte ich ein wenig misstrauisch in den Himmel.

Nichts!

Am übernächsten Morgen kreiste Antennenaugust über Buchholtzens Hof, ahnungslos und stolz. Ein Schrei von 15 ihm, ein Schuss vom Nachbarn.

August stürzte vom Himmel herab in den Hof. Nun bewegte nur noch der Wind sein Gefieder.

Das war am einhundertzweiunddreißigsten Tag unserer Bekanntschaft. 20

Materialien

Kurt David als Kinder- und Jugendbuchautor

Werke

Kurt David wurde 1924 in Reichenau (in der ehemaligen Deutschen Demokratischen Republik) geboren. Er lebte in Oybin (ebenfalls ehemalige DDR) und starb 1994 in Görlitz. Seine Bücher wurden in zahlreiche Sprachen (z. B. ins Russische, Polnische, Englische, Norwegische und Finnische) übersetzt und teilweise auch verfilmt. In westdeutschen Verlagen sind bis jetzt folgende Kinder- und Jugendbücher des Autors erschienen:

„Freitags wird gebadet" (Tagebuch-Geschichte, erschienen 1964; 1965 verfilmt zu einem 7-teiligen Fernsehfilm);

„Der Schwarze Wolf" (Roman, erschienen 1966);

„Tenggeri, Sohn des Schwarzen Wolfs" (Roman, erschienen 1968; Bd. II von „Der Schwarze Wolf");

„Die Überlebende" (Novelle, erschienen 1972; 1975 verfilmt für das Fernsehen;

„Antennenaugust" (Novelle, erschienen 1975);

„Der Bär mit dem Vogel auf dem Kopf" (Reise-Reportagen, erschienen 1977).

Buchbesprechungen zu „Antennenaugust"

1) *Kurt David „Antennenaugust"*, Bilder von Klaus Ensikat, Otto Maier Verlag
Antennenaugust ist ein kleiner Bussard. Er wird von einem Jungen großgezogen, behütet und sehr geliebt. Die beiden sind eine Zeit lang die Attraktion des Dorfes. Erst als das Tier Schaden anzurichten beginnt, wandelt sich die freundliche Anteilnahme der Umwelt in

Hass und Verfolgung. Der Vogel muss sterben.

Kurt David schreibt darüber in Form eines Tatsachenberichtes, distanziert, unsentimental und präzise. Er kann es sich leisten, auf eine „kindgerecht" konstruierte Darstellungsweise zu verzichten, denn sein Stoff, zweifellos eine eigene Erfahrung, ist schon in den Grundstrukturen interessant. Aus sehr feinen Linien zusammengesetzt, entstehen Bilder und Eindrücke, deren biologische, aber auch psychologische Zusammenhänge an keiner Stelle unverständlich oder verwischt erscheinen.

Klaus Ensikat hat wie immer musterhaft die bezaubernde Erzählung illustriert.

Almuth Link

2) **Kurt David: Antennenaugust.** (Ravensburger Junge Reihe.) Illustrationen von Klaus Ensikat. 104 Seiten, Polyleinen, Verlag Otto Maier, Ravensburg 1977.

Diese Geschichte eines Bussards, der plötzlich mit einer Dorfbevölkerung konfrontiert wird, ist vor dem Hintergrund eines DDR-Dorfmilieus sauber und lebendig erzählt.

Sie zeigt für Jugendliche auf leichte Art, aber eindrucksvoll das Problem auf, das schon ein kleiner in Freiheit aufwachsender Raubvogel in unsere heutige Gesellschaft bringen kann.

Besondere Hervorhebung verdient der gekonnte farbenprächtige Bildschmuck des bekannten DDR-Illustrators Klaus Ensikat. *A. R.*

Geeignet für Knaben und Mädchen ab 9 Jahren.

3) Ab 10 Jahren – von dem DDR-Autor **Kurt David** „ANTENNENAUGUST"

„ [...] das war am einhundertzweiunddreißigsten Tag geschehen! So lange kannte ich ihn und so lange kannte er mich. Also war es nicht irgendein Bussard, sondern mein Bussard, und da man alles, was man gern hat, sich nur schwer tot vorstellen kann, war ich lange Zeit traurig."

Als Hand voll flauschiger Wolle war er ins Haus von einem Waldarbeiter gebracht worden. Ein Junge pflegt ihn, bis er ausfliegen kann. Da zeigt es sich, dass August eine Vorliebe für Antennen als Startplatz für seine Räubereien hat. Dass dabei Antennenarme unter der Last des Vogels abbrechen und Leute im Genuss des Fernsehprogramms gestört werden, bringt Ärgernis

– dass er Geschmack an lebend erlegter Kost unterm Hühnervolk mehr schätzt als die „krepierte", ist dem Bussard nicht zu verdenken. Und so kommt es, dass das Maß überläuft und der Antennenaugust abgeschossen wird. „Du kannst einem Bussard etliche Dinge angewöhnen, aber abgewöhnen kannst du ihm gar nichts."

Der Eingriff des Menschen in den Ablauf der Natur stellt vor schmerzliche Entscheidung.

Künstlerisch ausgestattet mit 17 vierfarbigen Bildern und 14 s/w Zeichnungen von DDR-Grafiker Klaus Ensikat.

104 Seiten, Polyleinen.

Einiges über Raubvögel

Suchbild

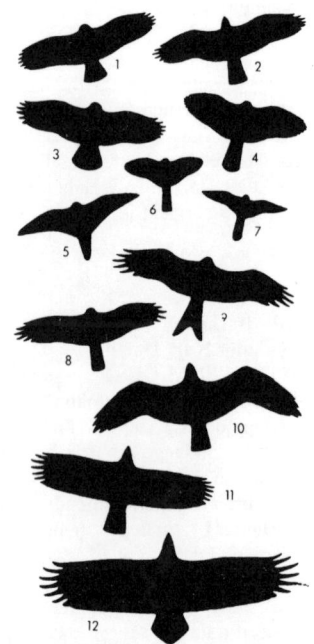

Auflösung Seite 91

60

Jiri Felix: Mäusebussard

Wenn Anfang Februar hoch über den Wäldern ein großer Raubvogel kreist, der sich jäh gleichsam zu Boden fallen lässt und gleich darauf wieder steil hochsteigt, dann ist es ein Mäusebussard. Der Mäusebussard bewohnt Wälder aller Art in der Ebene und in den Bergen, am liebsten lässt er sich an Stellen nieder, wo Wälder mit Wiesen und Feldern abwechseln. Er hält sich entweder das ganze Jahr über in seiner Heimat auf oder lebt nach dem Nisten in der weiten Umgebung. Viele im Norden Europas lebende Exemplare ziehen jedoch im Winter nach Südwesten.

Länge:
53 cm

Flügelspannweite:
117 bis 137 cm

Färbung:
außerordentlich variabel Männchen und Weibchen sind gleich gefärbt

Ruf:
ein lang gezogenes pfeifendes „Hiäh"

Eiergröße:
49,8 bis 63,8 x 39,1 bis 49,0 mm

Im April baut der Mäusebussard in seinem Brutrevier, das im Durchmesser drei bis vier Kilometer misst, auf einem hohen Baum aus Zweigen sein Nest, das er mit Laub, Moos und Haaren auspolstert. In England findet man das Nest manchmal auch auf Felsen.

Beide Partner bebrüten ihre zwei bis vier Eier abwechselnd achtundzwanzig bis einunddreißig Tage, das Weibchen brütet jedoch häufiger. Anfangs übergibt das Männchen die Beute dem Weibchen, das die Jungen füttert. Später füttert das Männchen auch direkt. Nach einundvierzig bis neunundvierzig Tagen verlassen die Jungen das Nest, die Altvögel füttern sie jedoch noch etwa weitere vier Wochen. Den Großteil der Nahrung des Mäusebussards bilden Wühlmäuse und andere kleine Nagetiere. Es ist interessant, dass der Raubvogel oft am Boden direkt bei einem Mauseloch eine Zeit lang bewegungslos lauert. Außerdem fängt der Mäusebussard manchmal auch Amphibien oder Lurche.

Günter Bächle:
Den Geier packt die Reiselust
Die Falkner und ihre Tiere auf Burg Hohenbeilstein

Etwa 1130 fliegende Zweibeiner sind der Lebensinhalt von
Peter Kaltenleitner (37). Er selbst fühlt sich als „Putzer,
Dompteur, Tierarzt und Züchter".

Erst seit 1972 ist Kaltenleitner der Burgherr. Sein Vorgänger: Falknerei-Experte Claus Fentzloff, der damals mit seinen Greifvögeln auf Burg Guttenberg, hoch über dem Neckar, umgesiedelt war. Beide gehören einem Beruf an, der selbst Seltenheitswert besitzt: Sie sind zwei von 60 amtlich geprüften Falknern im ganzen Land Baden-Württemberg.

Zuchtaktion

Denn gesetzlich geregelt wurde, was die Erben des einst königlichen Sportes tun und lassen dürfen. Wilde Falknerei fiel den Paragrafen zum Opfer. Zum Glück, denn einige hoben Horste in der freien Landschaft aus, um zu prächtigen Ausstellungsstücken in ihrem Gehege zu gelangen. Inzwischen regeln Vorschriften nicht nur die jährlichen staatlichen Kontrollen, sondern auch die behördlichen Falknerprüfungen. Vater Staat verlangt eine artgerechte Unterkunft für die Tiere; für jedes einzelne müssen Nachweispapiere über die Herkunft geführt werden. Die Selbstgezüchteten brauchen Ring, Siegel und Zertifikat.

Sanitätsaufgaben

Falknereien, das sind aber auch Krankenpflegestationen. So bringen auf den Hohenbeilstein jährlich fast hundert Leute verletzte Greifvögel, die sie auf Spaziergängen gefunden haben. „Bei zu vielen kommt die Hilfe zu spät." Niemand solle versuchen, zunächst daheim das Tier aufzupäppeln. Immerhin: Fast jeder zweite Vogel wird nach dem „Sanitätsaufenthalt" in einer Falknerei wieder in die Natur entlassen.

Geier, Adler, Milane, Habichte, Bussarde, Falken, Eulen und Uhus werden im Burggraben gehalten. Rund 100 000 Besucher strömen, um ihnen – meist aus genügender Distanz – an ihrem Unterstand oder bei den Flugvorführungen zuzuschauen. Manchen befällt eine Gänsehaut, wenn da ein Falke lautlos über den Kopf hinwegsegelt, um dem Ruf seines „Herrn" zu folgen. Eine Ausnahme gibt's auf Hohenbeilstein noch: Mit Brigitte Nowak arbeitet eine der wenigen Falknerinnen dort.

Bei Peter Kaltenleitner stehen in zwölf Monaten exzellente Leckerbissen auf dem

Einkaufsplan. Die Tiere, „die eben töten, um zu leben", verspeisen um die 180 000 Eintagsküken, das Fleisch von acht ausgewachsenen Rindern, 100 Tauben, 150 Meerschweinchen und 120 Hühner; von den Mäusen, die die Falknerei selbst züchtet, ganz zu schweigen. Kaninchen, Heu, Rüben und Milch runden die Mahlzeiten ab.

Dressur

Mehrere Wochen dauert es, bis die Greifvögel Zutrauen zu „ihrem" Falkner gewinnen. Zweierbeziehungen sind gefragt: Das Tier folgt nur einer einzigen, ihm bekannten Person. Sie müssen sich daran gewöhnen, auf dem Falknerhandschuh zu sitzen und ihr Fressen zu holen. Dabei bedarf es eines besonderen Wortschatzes, um Falkner zu verstehen: Der Vogel atzt auf der Faust, kröpft Nahrung und beizt, wobei Letzteres von „beißen" abgeleitet wird, denn der Vogel tötet seine Beute mit einem Biss in das Genick.

Damit der Adler oder der Habicht dem „Appell", dem Lockruf des Falkners, folgt, hilft gelegentlich der Hunger nach. Trotzdem packt den Mönchsgeier „Lirf" die Reiselust. Plötzlich ging in Beilstein ein Alarmruf ein – aus Straßburg, wo man ihn gesichtet und seine Heimat am Adressentäfelchen am Lederriemen geortet hatte. Kaltenleitners Rat,

„Lirf" einfach fliegen zu lassen, ging auf: Er fand den Weg zurück ins 200 Kilometer entfernte Beilstein. Strafen bringen nichts, sondern verderben nur. Sensibel reagieren sie darauf und suchen oft das Weite. Für den Folgsamen holt der Falkner freilich den Lohn aus seiner umgehängten Tasche: Ein Stück Fleisch oder ein noch lebendes Eintagsküken, das der Milan oder Bussard mit sichtlichem Genuss zerrupft.

Die Falknerei hat eine lange Geschichte, stammt aus Asien und wurde vermutlich durch Hunnen-König Attila nach Europa gebracht. Im fünften und sechsten Jahrhundert frönten fromme Kirchenmänner diesem Sport derart, dass sich der Klerus[1] bei den Konzilen[2] mit Verordnungen befasste, um diese Leidenschaft einzudämmen. Im Mittelalter avancierte[3] die Falkenjagd zum Privileg[4] des Adels. Allerdings entstand in jener Zeit auch ein Standardwerk darüber: Hohenstaufen-Kaiser Friedrich II. schrieb die sechsbändige Arbeit „Über die Kunst, mit Vögeln zu jagen", die erst vor wenigen Jahren in der Bundesrepublik wieder auf den Markt kam. [...]

---

[1] Katholische Geistlichkeit
[2] Versammlung von hohen Vertretern der katholischen Kirche
[3] aufrücken
[4] besonderes Vorrecht

Erlebnisse mit Tieren

Horst Stern: Wie man aus der Schule fliegt

[...] Ich habe Turmfalken schon öfters bei mir im Garten zahm gemacht. Aber keiner war so zutraulich wie Kiki, ein
5 Falkenmädchen, das diesen Namen von mir nach dem hellen Ruf der Turmfalken bekam. Kiki kam auf ziemlich abenteuerliche Weise in meine Hand. Eines Tages, es war im Frühsommer, läutete bei mir das Telefon. Ob ich nicht da und da hinkommen könne, fragte mich jemand sehr auf-
10 geregt, da habe einer einen Vogel und was für einen! – einen ganz großen, mit einem krummen Schnabel und ganz spitzigen Krallen. Braun sei er, und ob ich mir denken könne, was das wohl für einer sei – ein Habicht oder gar ein junger Adler? Ich konnte mir's zwar denken, sagte aber
15 vorsichtshalber nichts. Wer will sich schon gern blamieren; es passieren die merkwürdigsten Sachen im Frühling, wenn die Kinderstuben aller Vögel voll oder schon wieder leer sind. Ich fuhr also zu der angegebenen Adresse. Das Haus stand in einer Siedlung, hatte einen Garten und darin stand
20 mitten auf einem betonierten Vorplatz eine Pappkiste, die manchmal zuckte, als habe sie den Teufel im Leib. Die Leute, die mich gerufen hatten, zeigten mit dem Finger drauf und sagten, da sei er drin, der Raubvogel. Ich hockte mich vor die Kiste, lupfte ein wenig den Deckel und sah
25 zum ersten Mal Kiki. Er war zwar in der Größe ausgewachsen, aber zwischen den braunen Rückenfedern guckte noch überall der grauweiße Flaum hervor, der das Kinderkleid der Turmfalken ist. Alle kleinen Nestlinge der Turmfalken sehen aus, als hätte man sie in der Daunenfüllung eines
30 Kopfkissens gewälzt. [...]

Ich nahm Kiki in dem Pappkarton nach Hause und gab ihm in meinem Garten die kleine Freiheit, um ihn nach und nach an die große zu gewöhnen. Also setzte ich den Falken in eine Volière, ein Freigehege von neun Quadratmetern

Grundfläche und einer Höhe von über zwei Metern. Darin konnte er sich fliegend bewegen und durch den Draht hindurch die neue Umgebung betrachten. Er benahm sich so manierlich wie ein Gefängnisinsasse, der schon fünf Jahre abgebrummt hat und genau weiß, dass jeder Ausbruchsversuch bloß unnütze Kraftvergeudung ist.

Natürlich belohnte ich eine so gute Führung mit einem Brocken rohem Rinderherz, den Kiki, auf meiner Hand sitzend, in Seelenruhe aus meinen Fingern herauspickte. Der sehr spitze Krummschnabel riss Bröckchen um Bröckchen ab, während die Krallen das Fleisch festhielten, das ich oben zur Faust herausschauen ließ. Der kleine Kopf mit den großen Augen ruckte bei der Schluckbewegung jedes Mal vor und ich wusste, dass im Schlund jetzt viele Drüsen Schleim absonderten, um den Bissen durch den Hals in den Kropf zu befördern, wo die Nahrung aufgespeichert, eingeweicht und dann erst nach und nach an den Magen abgegeben wird. Man kann ganz deutlich sehen, wie sich beim Turmfalken ein voller Kropf zwischen Kopf und Brust unter den Federn vorwölbt. Es sieht aus wie ein nach oben verrutschter dicker Bauch.

Während der Falke frisst, kann man auch gut den Zweck des so genannten Falkenzahns erkennen. Das ist nun kein Zahn von knochiger Substanz, wie es unsere Zähne sind. Vielmehr haben die Falken rechts und links am unteren Rand der oberen Schnabelhälfte, nahe der gekrümmten Spitze, zwei hakenartige Ausbuchtungen, die in entsprechende Vertiefungen in der unteren Schnabelhälfte passen. Diese kluge Einrichtung ist also der Falkenzahn, und sie ermöglicht es den Vögeln, das Fleisch wie mit Haken festzuhalten, während der Oberkörper sich aufrichtet und so die in den Füßen gehaltene Beute brockenweise zerreißt.

Im Magen dann scheiden sich die verdaulichen Nahrungsteile von den unverdaulichen. Federn, Haare, Knochen, Zähne und Horn werden wieder ausgespien und man nennt diese Reste nach ihrem filzigen Äußeren auch bei den Falken Gewölle, genau wie bei den Eulen.

Kiki war ein lebhafter Bursche, aber am lebhaftesten an ihm war seine Verdauung – wie mit Kalk angestrichen sah die Wand aus, vor der er auf einem Ast seinen Platz hatte.

Gegen Ende des Sommers entschloss ich mich, ihn langsam an die große Freiheit zu gewöhnen. Eines Tages lockte ich ihn auf meine Faust, nahm ihm die leichten Falkenfesseln aus Leder ab, die ich ihm zum besseren Eingewöhnen angelegt hatte und trug ihn aus dem Käfig hinaus in den Garten. Turmfalken werden ja auch von den Falknern oft gehalten; allerdings mehr zu Flugspielen als zur Mäusejagd, obwohl auch das viel Spaß machen kann.

Eine Weile gingen wir so spazieren, ohne dass Kiki Anstalten gemacht hätte, sich von meiner Hand abzuschwingen. Vermutlich hatte er nicht begriffen, dass die Fessel weg und der Weg frei war. Also half ich nach, indem ich ihn mit einem sanften, aber nachdrücklichen Ruck von der Hand warf. Ich sehe heute noch, wie er, schon im Abfliegen, den Kopf nach mir zurückdrehte, als wollte er sagen: Was soll denn dieser Unfug jetzt?

Kiki drehte, von meiner ganzen Familie mit Herzklopfen verfolgt, einige Runden über dem Garten und ließ sich dann in einem hohen Kirschbaum nieder – vielleicht zehn Meter über der Erde. Damit hatte ich gerechnet. Der Vogel war ja so zahm, dass er keinen Grund hatte, uns zu entfliehen. Ich hatte nie angenommen, dass er wie erlöst auf Nimmerwiedersehen davonstürmen würde. Und da saß er nun auch und überließ den Fortgang des Abenteuers Freiheit mir.

Er war hungrig. Ich hatte ihn mit Absicht noch nicht geatzt[1], denn ein hungriger Magen ist die beste Leine, an die man ein Tier binden kann. Also zog ich jetzt einen Brocken Rinderherz aus der Hosentasche, streckte ihn hin

---

[1] atzen = Vogeljunge füttern

und trillerte den Pfiff, an den ich ihn in den Monaten zuvor immer im Zusammenhang mit dem Füttern von Nahrung gewöhnt hatte.

Ich brauchte nur einmal zu pfeifen, schon kam er mit rauschenden Sturzflugbremsen daher und saß mir wieder auf der Hand, wo er gleichmütig zu fressen begann. Die goldene Freiheit würdigte er keines Blickes. Ruhig ließ er sich in sein Gefängnis zurücktragen. Dieses Spiel spielten wir in den nächsten zwei Wochen täglich und allmählich wurden die Ausflüge Kikis länger. Er war oft stundenlang nicht zu sehen. Wollten wir dann aus dem Garten zur Wohnung zurück, so stellte sich einer von uns – entweder meine Frau, einer meiner Buben oder auch ich – mit einem Brocken Fleisch in der Hand in Positur, trillerte den Fresspfiff und harrte der Dinge, die da kommen mussten. Und sie kamen auch immer, obwohl wir manchmal schon recht oft zu pfeifen hatten. Irgendwann aber stieß Kiki dann doch von irgendwoher herab auf die hingehaltene Hand und ließ sich zur Nachtruhe einsperren.

Schließlich ließ ich ihn auch über Nacht draußen und das ist immer der erste große Schritt zur endgültigen Trennung von einem Tier. Der Schlafplatz ist die feste Bindung, lockert man sie, lockert man auch das Band, das den Vogel an einen Ort bindet. In den ersten Nächten, die Kiki auswärts verbrachte, wusste ich immer noch, wo er sich zur Ruhe begab. Oft war es das Gitterwerk eines Hochspannungsmastes oder eine abgestorbene, laublose hohe Buche. Ich ging abends, wenn ich nicht wusste, wo er war, unter diesen Stellen vorbei und entdeckte ihn auch meistens, sagte höflich Gute Nacht zu ihm und ließ ihn allein. Tagsüber gaben wir ihm dann immer noch Nahrung, doch schränkten wir das mehr und mehr ein, um ihn zu zwingen, selber für sich zu sorgen.

Ja und eines Tages dann pfiffen wir uns vergeblich die Seele aus dem Hals. Kiki kam nicht mehr. Zwei Wochen sah und hörte ich nichts von ihm, obwohl ich die Nase dauernd in der Luft hatte, wenn ich in der Nähe unseres Gartens spazieren ging und jeden Falken anpfiff, der vorüberstrich. Dann tauchte er wieder auf – er hockte oben auf dem Dachfirst eines uns gegenüberliegenden Hauses und wusste offensichtlich nicht mehr so recht, ob er sich nun wie ein zahmer oder wie ein wilder Turmfalke benehmen sollte.

Ich überlegte rasch: Rufst du ihn oder lässt du ihn zufrieden? Aber der Wunsch, ihn wieder auf der Hand zu spüren, war stärker als die Absicht, den Prozess der Ausgewöhnung besser nicht zu stören. Ich trillerte und hielt die Hand hin ... nichts. Kiki saß auf dem Dach und rührte sich nicht. Ich trillerte wieder ... nichts. Ich trillerte noch oft und so laut, dass in der Nachbarschaft die Fenster aufgingen und die Leute sich das kostenlose Schauspiel eines vermeintlichen Verrückten anschauten, der einem wilden Falken pfiff und ihm die Hand hinhielt.

Wie aber staunten sie – und ich mit ihnen! –, als ganz plötzlich der Falke sich abstieß und in schnurgeradem pfeilschnellem Sturz auf meine Hand zuschoss und sich auf ihr niederließ! – ein bisschen unwillig allerdings, denn sein suchender Schnabel fand an der altgewohnten Stelle kein Fleisch.

Ich schaute mir den schönen Vogel noch einmal genau an, denn ich wusste, dass ich ihn zum letzten Mal auf der Hand hielt. Er fremdelte schon ganz deutlich. Die Wochen der Ausgewöhnung waren nicht spurlos an ihm vorübergegangen, und mir kam es so vor, als wäre er gegen seinen Willen und gezwungen nur von einem Reflex, den der Pfiff in ihm ausgelöst hatte, noch einmal zu mir gekommen.

Er schwang sich auch bald von der Hand wieder ab und ich habe ihn niemals mehr gesehen. Es war ja die Zeit im Jahr, die auch in vielen Turmfalken den Trieb zum Wegflug in mildere Landstriche auslöst. Doch sind diese kleinen Falken bei uns keine ausgesprochenen Zugvögel wie die Stare etwa. Viele bleiben das ganze Jahr über bei uns oder beschränken sich auf Wanderungen, die sie nicht allzu weit von ihrem Standgebiet wegführen. [...]

Zum Schluss noch ein Tipp für den, der sich nützlich machen will und sich das Brutgeschäft der Turmfalken aus der Nähe anschauen möchte: Man bastelt aus alten Brettern 5 – ja nicht aus neuen! – eine Brutkiste, die etwa einen halben Meter lang, gut dreißig Zentimeter tief und ebenso hoch ist. Sie muss einen Deckel haben, der sich zum Saubermachen hochklappen lassen sollte. In die Vorderwand kommt ein Einflugloch von zehn auf zehn Zentimeter, aber 10 nicht in die Mitte, sondern an eine Seite versetzt, und darunter gehört ein kleines Brettchen als Plattform zum Anfliegen.

Wenn diese Kiste knapp zehn Meter hoch an der Ostwand einer ruhig gelegenen Feldscheune aufgehängt wird, 15 in deren Umgebung Turmfalken schon mal gesichtet worden sind, dann kann es gut sein, dass man Glück hat. Natürlich muss es Ehrensache sein, von den brütenden Falken jede Störung fernzuhalten und nicht etwa an einer Leiter zu ihnen hinaufzusteigen oder die Jungen gar aus dem Nest zu 20 nehmen. Sie gingen todsicher ein.

Im Winter ist die beste Zeit, den Brutkasten zu basteln. Anfang März sollte er spätestens hängen, wenn auch die eigentliche Brutzeit erst Ende April beginnt. Doch dauert auch bei den Falken die Wohnungssuche ziemlich lange. 25

Wolfdietrich Schnurre: Lieben heißt loslassen können

Vater hatte nicht viele Grundsätze, aber einer seiner wenigen war, dass man nett sein müsse zu Tieren. Er war nie
übertrieben freundlich zu ihnen und die Tiere gaben sich
5 eigentlich auch keine besondere Mühe; es war mehr eine
Art gegenseitigen Geltenlassens: Die Tiere und Vater
maßen sich mit skeptischen Blicken, zuckten die Schulter
und gaben zu erkennen, man könne es ja einmal miteinan-
der versuchen.

10 Das erste Tier, das Vater
mir schenkte, ist ein Laub-
frosch gewesen, der Theodor
hieß. Theo war nackt und
hellgrün, und räusperte sich
15 jemand im Zimmer, dann quakte er, und das klang, als würden in einem Blechsieb Erbsen durcheinander geschüttelt.
Vater ahmte sein Quaken aber auch nach, und bald
beherrschte er es derart vollkommen, dass sich die beiden,
besonders vorm Einschlafen nachts, oft regelrecht unter-
20 hielten.

Ich mochte Theo sehr gern, er war so wunderbar glatt,
und vor allem konnte er mit Hilfe seiner Saugnäpfe an der
Scheibe kleben, fester noch als ein Kaugummi; nur sein
Kehlsack vibrierte dann sanft, und in seinen goldenen
25 Augen spiegelte sich der Gazedeckel des Einmachglases
gewölbt wie ein Sternhimmel wider.

Die Fliegen, die Theo verzehrte, fingen wir an der son-
nendurchwärmten Friedhofsmauer für ihn; aber manchmal
besorgte ihm Vater auch einen Kohlweißling. Hatte Theo
30 ihn endlich geschluckt, wirkte er um den Kopf herum wie
ein Engel. Die jungfräulich weißen Flügel standen ihm oft
noch eine Viertelstunde danach aus dem Maul, und Theo
sah immer unglaublich erstaunt, allerdings auch ebenso
unschuldig drein, wenn er mit einem seiner Vorderfüße ver-
35 suchte, die Flügel beiseite zu wischen.

Einmal hatte ich Angst, weil Vater abends nicht kam; da nahm ich das Einmachglas, in dem Theo saß, mit ins Bett, um Gesellschaft zu haben.

Am Morgen darauf war Theo erstickt.

Vater schob es den Engeln in die Schuhe. „Sie haben sich wegen der Kohlweißlinge gerächt", sagte er.

„Aber es hätte doch genügt", schluchzte ich, „sie sagen es einem!"

„Lehr du mich die Engel kennen", sagte Vater verbissen.

Trotzdem, es hat lange gedauert, ehe ich wieder einem Frosch in die Augen sehen konnte, ohne zu schlucken.

Kaum jedoch war der Trauermonat für Theo um, da kam Vater mit einem Igel nach Hause. Er hatte ihn wohl schon vorher gefangen, doch aus Pietätsgründen erst noch im Museum in seinem Arbeitszimmer versteckt. Wir nannten ihn Herrn Kuwalek, und er wohnte im untersten Fach von Vaters Schreibtisch, zu dem ein schräg gestelltes Hackbrett hinaufführte.

Herr Kuwalek aß Mistkäfer, Cremeschokolade, Schuhwichse, Gulasch, Briefmarken, Regenwürmer, Pelikanol, Küchenschaben, entkernte Pflaumen, weiße Mäuse und einmal auch einen großen Radiergummi, allerdings einen weichen von Faber. Am liebsten trank er Milch und schal gewordenes Bier, doch auch kalten Bohnenkaffee schlürfte er gern.

Tags schlief er; nachts raste er rasselnd und schnaufend durchs Zimmer und auf den Balkon, wo wir ihm mit Rasensoden, Wegerichstauden und Moos ein Stück Wiese nachgemacht hatten.

Dass Herr Kuwalek Flöhe hatte, merkten wir erst verhältnismäßig spät.

Sofort meldete Vater sich krank und wir bereiteten eine

71

milde Lysollauge[1] zu; in der ließen wir Herrn Kuwalek, sorgsam darauf bedacht, dass ihm nichts in den Mund kam, dann schwimmen. Das Gesicht, das er hierbei machte, vergesse ich nie.

5   Bis dahin war er eigentlich leidlich gut auf uns zu sprechen gewesen und Blutwurst fraß er Vater zum Beispiel schon aus der Hand. Doch von nun an war mit jeder Vertraulichkeit Schluss. Er würdigte uns, obwohl doch all seiner Flöhe entledigt, jetzt auch nicht mehr des flüchtigsten 10 Blicks. Nach außen hin tat er zwar so, als wäre nichts weiter passiert, aber wir merkten sehr wohl, diese Lysollaugenaffäre hatte sein Vertrauen zu uns endgültig erschüttert. Was blieb uns übrig, als ihn wieder hinaus an seinen Feldrain zu bringen? Wir mochten uns nicht an etwas amüsieren, das sich nicht auch amüsierte.

   Ein andermal kam Vater mit einer jungen Schleiereule nach Hause. Wir nannten sie Hulda und klemmten ihr einen Besenstiel zwischen zwei Bücherregale. Dort saß sie im Schatten ihrer Verachtung und blickte durch uns hindurch.

   Hulda fraß klein geschnittenes Fleisch, das man ihr mit Sand oder Federn bestreuen musste, und nachts balancierte 25 sie flügelschlagend und schnabelknappend auf dem Schreibtisch umher und versuchte im Mondschein, die andere Schleiereule kennen zu lernen, die sie aus Vaters Rasierspiegel ansah.

   Frieda, Vaters Freundin, wurde von Hulda gehasst; jedes 30 Mal, wenn sie kam, sauste ihr Hulda ins Haar.

   Vater sagte, eine bessere Charakterprobe sei gar nicht denkbar; und wirklich hat uns Frieda, solange wir Hulda hatten, dann auch nicht mehr besucht.

   Wir ließen immer das Fenster auf, denn Hulda sollte Gast

---

[1] Desinfektionsmittel (Kresolseifenlösung)

und nicht Gefangene sein; doch irgendwie muss es ihr auch wieder bei uns gefallen haben. Denn jedes Mal, wenn der Morgen dämmerte, saß sie, ohne von dem offenen Fenster angeregt worden zu sein, pikiert und mit leicht heruntergezogenen Schnabellefzen auf ihrem Besenstiel, und unter ihr war in ätzend weißen Hieroglyphen[2] der Ausdruck ihrer Verachtung zu lesen.

Als Hulda annähernd ein halbes Jahr alt war, packte Vater sie ein, fuhr drei Stunden weit weg und ließ sie dann fliegen.

Am Morgen darauf saß sie wieder pikiert und mit leicht heruntergezogenen Schnabellefzen auf ihrem Besenstiel.

Das rührte uns sehr. Doch wir mussten hart bleiben jetzt; sie sollte ja lernen, sich ihre Beute allein zu besorgen. Vier Tage lang strafte sie unsere hartnäckige Weigerung, ihr etwas zu essen zu geben, mit ihren zornig hingeklecksten Ausrufezeichen. In der fünften Nacht warf sie erbittert das Tintenfass um und flog weg.

Vater hatte ihr einen Aluminiumring der Vogelwarte ums Bein geknipst. Sechs Jahre später bekam er ihn von der Vogelwarte zurück. Die Leute da hatten ihn aus einem Dorf in Schweden erhalten. Dort war der Blitz in eine Kapelle gefahren; unter den verkohlten Messgewändern und Fahnen, hieß es, habe der Küster auch ein Vogelgerippe gefunden, und das hätte diesen Ring hier getragen.

Aber das aufregendste Wesen, das wir jemals gehalten haben, ist wohl doch Lilith gewesen. Lilith war eine Kreuzotter. Wir kamen im Spandauer Stadtforst gerade dazu, wie Pilzsucher sie totschlagen wollten.

Vater bugsierte sie in eine Papiertüte, und zu Hause rich-

[2] Schwer oder nicht lesbare Schriftzeichen

teten wir ihr unser altes Terrarium ein, hängten eine Sol-
luxlampe[3] darüber und setzten Lilith hinein. Da sie noch
ihre Giftzähne hatte, behandelten wir sie mit großem
Respekt. Das war nicht immer ganz einfach, denn um ihr
5 zu fressen zu geben, musste man ja notgedrungen auch den
Terrariendeckel anheben. Doch sie schien behalten zu
haben, dass wir ihr das Leben gerettet hatten; sie rührte
sich kaum.

Tagsüber lag sie meistens im wärmenden Schein ihrer
10 künstlichen Sonne und züngelte träg; nachts allerdings fing
sie an, lebendig zu werden. Pausenlos kroch sie in ihren
Schlingpflanzen herum, und wenn man den Atem anhielt,
konnte man hören, wie ihr Leib an den Blättern entlang-
glitt.

15 Wir hatten nur ein Zimmer und einen Balkon, denn wir
wohnten möbliert; und als wir eines Morgens einmal
erwachten, da war der Deckel von Liliths Terrarium ver-
rutscht, und Lilith war weg.

Sechs Stunden so etwa lagen wir steif wie die Mumien.
20 Vater wusste mit Schlangen ein bisschen Bescheid. „Das
Erste", flüsterte er, ohne die Lippen zu bewegen, „was sie
in so einem Fall wie unsrem hier tun: Sie suchen die Bett-
wärme auf." Endlich, gegen Mittag, sahen wir sie. Sie kam
vom Balkon, wo sie sich ein wenig gesonnt haben mochte.
25 Zynisch züngelnd schob sie sich zwischen unseren Betten
hindurch, kroch an dem Tischchen hoch, auf dem das Terrarium stand, stieg mit tänzelndem Kopf über die Kante und
glitt dann lächelnd hinein.

Ich war damals erst acht; aber an diesem Tag stiftete mir
30 Vater ein Bier. Da war Heinrich
ja anders. Heinrich stammte
aus dem Oranke-See und ist ein
Stichling gewesen. Wir hatten
ihn anderthalb Jahre, und er

---

[3] elektrische Wärmestrahlungslampe

74

war schließlich so zahm, dass man nur an die Aquarium-
scheibe zu klopfen brauchte, und er kam angeschwommen.
Einmal setzte ihm Vater eine Stichlingsdame dazu, die wir
Lukretia tauften. Heinrich war so außer sich vor Freude
über Lukretias Besuch, dass er wie wahnsinnig im Bassin 5
hin und her schoss und einen Satz tat und raussprang.

Wir suchten ihn fast eine Dreiviertelstunde im Zimmer.

Endlich fanden wir ihn. Er lag, völlig in Staub eingerollt,
in einer Dielenritze und rührte sich nicht.

Vater machte gleich eine Streichholzschachtel leer und 10
polsterte sie mit Watte und wollte Heinrich hineinlegen und
ihn beisetzen gehen. Aber ich bestand darauf, ihn, sozusagen probehalber, noch einmal ins Aquarium zu setzen.

Und richtig: Heinrich entwölkte sich, drehte sich von der
Rücken- in die Bauchlage um, schnappte zögernd nach 15
Luft, schrieb mit der Schwanzspitze einen graziösen
Schnörkel ins Wasser und ließ sich beseligt neben Lukretia
auf den Sandboden sinken.

Aus Dankbarkeit für seine Errettung haben wir den beiden noch am selben Tag die Freiheit wiedergegeben. 20

Nein, es fiel uns nicht leicht, uns von Heinrich zu tren-
nen. Aber Vater hatte sicherlich Recht: Je inniger man sich
mit etwas verbunden fühle, behauptete er, desto freudiger
müsse man es auch übers Herz bringen, sich von ihm zu
lösen. „Lieben", sagte Vater, „heißt loslassen können, ob es 25
sich dabei um Heinriche handelt oder Lukretien."

Kritisches über das Verhalten Mensch – Tier

Bernhard Grzimek:
Was wird aus 300 000 lebenden Spielschildkröten?

Im Herbst 1963 beriet das britische Unterhaus über die
5 Panzerlänge von Landschildkrötenkindern. Man wollte ein
Gesetz machen, wonach die Einfuhr von kleinen Griechischen und Mauretanischen Schildkröten verboten sein sollte, sofern sie weniger als zehn Zentimeter Schildlänge
haben. 1959 waren nämlich 88 Tonnen, 1960 noch 60 Ton-
10 nen dieser unglücklichen Tierchen nach England importiert
worden, vor allem aus Marokko. Das macht 250 000 von
ihnen im Jahr aus. 1961 halbierte Marokko die Ausfuhr-
menge, dafür gab es aber Ersatz aus Tunis und vor allem
aus den Balkanländern, woher wir Deutschen jedes Jahr
15 ähnliche Mengen kommen lassen. Das Gesetz konnte im
Unterhaus zurückgezogen werden, weil sich die britischen
Importeure freiwillig verpflichteten, keine kleineren
Schildkröten mehr anzunehmen.

Die Abgeordneten hatten sich aus reiner Tierliebe mit
20 diesen Dingen befasst. Die Landschildkröten haben nämlich von Haus aus ein zähes und recht langes Leben, wie
wir gleich sehen werden. In unseren nordeuropäischen Län-
dern wandern sie ausschließlich in die Zoogeschäfte und
Warenhäuser, denn essen kann man sie nicht, und die
25 berühmte Schildkrötensuppe stammt von ganz anderen,
großen Seeschildkröten. Wenn also jedes Jahr immer
wieder so viele Hunderttausende „Spielschildkröten" neu
eingeführt werden, zeigt das, dass jedes Jahr ebenso viele
sterben.

30 Es fällt nur nicht so auf, weil Schildkröten sehr langsam
sterben. Wie Spielzeuge, die man aufzuziehen vergessen
hat, siechen sie auf kalten Balkons oder Steinplattenfuß-
böden von Küchen dahin, bis sie tot in den Mülleimer wan-

dern. Oder man hat sie über und sucht sie im nächsten Zoo loszuwerden, der auch keinen unbegrenzten Bedarf an Griechischen Landschildkröten hat. Wir in Frankfurt bekommen so viele Anfragen, wie man mit den Schildkröten umgehen soll, dass wir die Antwort längst vervielfältigt haben. Vor allem die ganz kleinen Schildkrötenkinder haben in unseren kalten Gegenden wenig Aussichten zu überleben.

Dabei sind sie nette, gar nicht unintelligente Tiere, an denen man seine Freude haben kann. Man muss nur einige ganz wenige Dinge beachten, um sie gesund und lustig zu erhalten. Zunächst einmal brauchen sie Wärme, am liebsten um 25 Grad. Weil sie ja Kaltblüter sind, die die Temperatur ihrer Umgebung annehmen und selbst kaum Wärme erzeugen, hat es bei ihnen ebenso wenig Sinn wie bei Schlangen, sie etwa mit Decken einzuwickeln. In unseren Stuben ist es am Boden immer kälter als da, wo wir unsere Köpfe und Hände haben. Können sie aber Sonnenschein aufsuchen, einen elektrischen Wärmestrahler oder eine kleine geheizte Fußbodenplatte, dann werden sie auf einmal sehr lebendig. Nur darf man sie weder in die Sonne noch auf die Heizung sperren: Sie müssen die Wahl haben, ins Kühlere zu gehen.

Haben sie es richtig warm, dann machen sie bald tüchtige Wanderungen durch die Stuben. Dabei halten sie oft schon nach ein paar Tagen gern bestimmte Wege, Wechsel ein, ähnlich wie in der Freiheit. Wie stur sie sind: Steht ein Stuhlbein auf dem gewohnten Pfad an der Wand, dann geht die Schildkröte beileibe nicht drum herum, sondern sie müht sich krampfhaft, den Stuhl mit ihrem Panzer beiseite zu schieben, was auch oft gelingt. Ist er zu schwer, dann hört sie nach einiger Zeit auf und schläft ein. [...]

Den meisten Kummer gibt es bei zahmen Stubenlandschildkröten im Herbst und im Winter. Ist es sehr warm, vor allem bodenwarm, brauchen sie nicht unbedingt

Winterschlaf. Aber es bekommt ihnen besser, wenn man sie im Herbst in eine Holzkiste setzt, die 20 cm hoch mit Laub und Moos gefüllt ist (nicht mit Torfmull, nicht mit Sägespänen, die dörren das Tier aus!). Die Kiste kommt dann in
5 einen ratten- und mäusesicheren, dunklen, kühlen Raum, der nicht wärmer als 5° bis 7° und nicht kälter als +3° sein sollte. Wenn es notwendig ist, kann man das Moos hin und wieder leicht anfeuchten. Die Tiere verkriechen sich dann von allein. Ist es im Frühjahr draußen 12° bis 15° warm
10 geworden, bringen wir die Winterschläfer allmählich heraus. Zunächst bekommen sie ein Bad in lauwarmem Wasser, von dem sie meistens gierig trinken. Solche Winterschläfer sind oft viel lebhafter als die, welche mit uns zusammen in der Stube gehaust haben. [...]
15 Kaufen Sie nicht gedankenlos im Warenhaus kleine Schildkröten statt Spielzeug für ihre Kinder. Wenn Sie sie aber schon mitgebracht haben, dann sorgen Sie bitte, dass die kleinen Lebewesen es wirklich schildkrötenwürdig haben! Es gehört so wenig dazu.

20 **Robert Jungk: Maschine Tier**

Vor mehr als 30 Jahren unternahm der Zukunftsforscher Robert Jungk (geboren 1913) eine Forschungsreise durch die USA. Er interessierte sich dabei insbesondere für die Auswirkungen des technischen Fortschritts auf die mensch-
25 *liche Zivilisation.*

Nachdem ihn Mister Earl Johnson, Besitzer einer Hühnerfarm, durch seinen technisch perfektionierten Großbetrieb geführt hatte, suchte er weitere Stätten landwirtschaftlicher Massenproduktion auf.

30 [...] Nicht alle amerikanischen Farmer sind so „smart" und „fortschrittlich" wie Mister Johnson. Aber ihm und seinen auf die Viehhaltung übertragenen Methoden der Massen-

produktion scheint die Zukunft zu gehören. Wer da nicht mithalten will und nach alter Art wirtschaftet, hat es schwer. Das erfuhr ich von einem begüterten Landwirt H., den ich im Jahr zuvor in Europa während seiner Schweizer Studienreise kennen gelernt hatte und nun bei der Durchfahrt durch seinen kalifornischen Heimatort Santa Maria anrief. Man sagte mir, er sei jetzt bei der Forstverwaltung, und ich erreichte ihn später in Sacramento.

„Ich habe nämlich das Farmen aufgegeben", sagte er, als wir bei einem Glas Wein saßen. „Natürlich meint jedermann, ich sei ein Narr, denn nie waren die Preise für Farmprodukte besser als gerade jetzt. Aber ich kam einfach mit den modernen Methoden nicht mehr mit. Besser gesagt: Ich wollte nicht. Ich wurde Landwirt, weil ich die Natur liebe. Nicht um Gott ins Handwerk zu pfuschen und seine Geschöpfe ärger als der schlimmste Sklavenhalter auszubeuten."

Seine Revolte hatte begonnen, als die Farmer seiner Region die Bienen auszuhungern begannen. Professoren der landwirtschaftlichen Abteilung an der „University of California" hatten nämlich herausgefunden, wie man die Bienen dazu antreiben könnte, „mehr Arbeit für weniger Honig" zu leisten. Ihre Methode war „sehr einfach", wie die landwirtschaftlichen Fachblätter, in denen sie propagiert wurde, sich äußerten. Man ließ sechs- bis zehnmal so viele Bienen über einem Kleefeld schwärmen wie zuvor. „Die Nachfrage an Nektar war plötzlich größer als das Angebot", erklärten die Spezialisten triumphierend. Der Erfolg erwies sich als durchschlagend. Auf ihrer verzweifelten Suche nach Nektar ließen die Bienen keine einzige Blüte ungeöffnet, es wurden also mehr Pflanzen befruchtet, und die Produktion von Futtergrün stieg pro Acre[1] um das Fünffache. Natürlich erzeugten die derart ausgehungerten Bienen weniger Honig, und manche, die sich dem neuen

---

[1] englisches und nordamerikanisches Flächenmaß (ca. 4047 m²)

„Lebenskampf" nicht gewachsen zeigten, fielen einfach verhungert zu Boden, aber die Bienenhalter rechneten sich aus, dass sie durch die „Vermietung" ihrer Stöcke an die Futtermittelproduzenten mehr verdienten als durch einen
5 Verkauf von Honig. So war für sie die Angelegenheit in Ordnung.

„Die Geschichte mit den Bienen ist nur eines von vielen Symptomen für die radikal neue Einstellung der Farmer ihren Tieren gegenüber", sagte H. „Wissen Sie, dass man
10 jetzt den Sauen auf fortschrittlichen Farmen die Ferkel wegnimmt, damit die Muttertiere dreimal statt zweimal pro Jahr werfen? Ihre Brut wird mit synthetischer Milch aus einem künstlichen Euter aufgezogen, und damit sie den Betrug nicht merken, lässt man aus dem Lautsprecher
15 ein Tonband mit dem Grunzen einer nährenden Sau erklingen ..."

Was H. unter dieser „neuen Einstellung" verstanden hatte, sah ich selbst, als ich in die etwa 50 Meilen außerhalb von Los Angeles gelegene „Musterfarm" des aus Armenien
20 eingewanderten „Fleisch- und Milchfabrikanten" Isaak Sharkarian geführt wurde.

„Wir betrachten unsere Kühe in erster Linie als Maschinen", erklärte der erfolgreiche Farmer. „Wir stecken Rohmaterial in Form von Nahrung in die ‚Maschine' hinein
25 und bekommen dafür Milch und Butterfett heraus. Bei unserem scharfen Produktionstempo sind die Kühe nach zweieinhalb Jahren gewöhnlich ‚ausgebrannt'. Ließen wir sie dann wieder zehn oder zwölf Monate auf die Weide, so würden sie sich wohl erholen, aber ich habe ausgerechnet,
30 dass solche zeitweise Nichtbenutzung der Kühe als ‚Milchmaschinen' unrentabel ist. So schicke ich sie lieber gleich ins Schlachthaus und kaufe für das Geld junge, unverbrauchte Milchkühe."

Farmer Sharkarians Kühe standen in langen Reihen
35 nebeneinander vor ihren Fressnäpfen, die automatisch nachgefüllt wurden. In Schulterhöhe über jeder Kuh befand

sich ein merkwürdiger Bügel, dem die Tiere bei jeder Bewegung ängstlich auswichen. „Elektrisch geladen", erklärte mir der Stallmeister, der mich herumführte. „Die Tiere wissen das und bleiben daher genau in dem Raum stehen, den wir ihnen angewiesen haben. So ist es viel 5 leichter, sie rein zu halten. Sie lassen ihren Kot genau auf die Stelle fallen, von wo wir ihn mit der mechanischen Stallreinigungsanlage am leichtesten abtransportieren können. Finden Sie nicht, dass diese Ställe fast so reinlich sind wie menschliche Wohnzimmer?" 10

Allerdings – alles hier war frisch gescheuert und sauber. Es klang Musik aus den Lautsprechern und die elektrischen Melkapparate surrten behaglich. Man pumpte die Milch direkt vom Euter in ein Röhrensystem, wo sie abgekühlt und sofort an die großen Tankwagen der Molke- 15 rei gepumpt wurde. „Keine Milchkübel, keine Verunreinigung, kein Verderben, kein Verschütten", triumphierte der Werkmeister. „Das hier ist die hygienischste Operation der Welt." [...]

Kurt Allgeier: Tiermörder „Lebensmittelgesetz" 20

In dem Lebensmittelgesetz vom 15.8.74 heißt es:

Es ist verboten:

1. kosmetische Mittel für andere derart herzustellen oder zu behandeln, dass sie bei bestimmungsgemäßem oder vorauszusehendem Gebrauch geeignet sind, die Gesundheit 25 zu schädigen;

2. Stoffe, die bei bestimmungsgemäßem oder vorauszusehendem Gebrauch geeignet sind, die Gesundheit zu schädigen, als kosmetisches Mittel in den Verkehr zu bringen. [...] 30

Der problematische Begriff in diesem Gesetz heißt Gesundheit. Der Gesetzgeber will dafür sorgen, dass niemand eine Salbe, eine Creme, ein Öl, eine Seife, ein

Gesichtswasser, einen Badezusatz oder etwas Derartiges in den Handel bringt, das der Gesundheit schaden könnte. Und zwar darf diese Schädigung weder bei der vorschriftsmäßigen Anwendung des Mittels noch bei „vorausschauba-5 rem Gebrauch" eintreten.

Und dieser „vorausschaubare Gebrauch" ist der eigentliche Pferdefuß. Ein kaum fassbarer Begriff. Was muss der Hersteller „vorausschauen", das möglicherweise mit seinem Produkt angestellt werden könnte?

10 Etwa, dass das Haarshampoo in die Augen geraten könnte? Oder auch, dass ein kleines Kind die Flasche mit dem Shampoo erwischt und einen kräftigen Schluck daraus nimmt?

Wenn er auch das gemeint hätte, müssten längst alle Sei-15 fen verboten werden, denn wenn ein Kind ein Stückchen Seife verschluckt, kann es leicht am entstehenden Schaum ersticken.

Natürlich denkt niemand daran, Seife zu verbieten. Sie ist nach wie vor das beste Desinfektionsmittel überhaupt. 20 Sie hat für die Gesundheit des Menschen mehr getan als die meisten Medikamente.

Der Gesetzgeber wollte ursprünglich auch etwas ganz anderes. Er wollte den Verbraucher kosmetischer Präparate vor Mitteln schützen, die ewige Jugend versprechen oder 25 die Befreiung von Falten oder eine gesunde, frische Haut – stattdessen aber Krebs auslösen oder die Haut vergiften oder die Leber schädigen oder süchtig machen. [...]

Selbstverständlich muss verboten werden – aufgrund des Lebensmittelgesetzes –, dass ein Parfumhersteller bei-30 spielsweise Opium in sein Produkt mischt. Auch wenn die Dosis noch so gering wäre, könnte doch ein Verbraucher, der sich das Gift regelmäßig und in großen Mengen zuführt, süchtig werden.

Oder: Noch vor kurzem standen Haarfarben im Verdacht, 35 Krebs zu verursachen. Tierversuche hatten die mögliche Gefährdung angedeutet. Zahllose andere Tierversuche entkräfteten den Verdacht wieder. Wäre das nicht der Fall gewesen, hätten sie verboten werden müssen.

Genau solche Zwischenfälle hatte der Gesetzgeber im Auge. Das Gesetz mit seiner unklaren Formulierung sorgte aber dafür, dass sich eine riesige Unsicherheit breit machte. Jeder, der irgendein kosmetisches Mittel herstellt, hat heute Angst, es könnte irgendetwas Unvorhergesehenes passieren. Deshalb sichert man sich lieber tausendfach ab, um gegebenenfalls nachweisen zu können, dass man sehr sorgfältig vorgegangen ist.

Man macht Tierversuche noch und noch, um genau herauszufinden, wie viel Shampoo ein Kind trinken müsste, um daran zu sterben. Kaninchen, Ratten, Meerschweinchen, Mäuse müssen literweise Shampoo, Seifenlauge, Hautcremes, Lippenstifte, ja sogar Nagellack schlucken. Und solche Experimente brauchen nicht einmal genehmigt zu werden, denn der Gesetzgeber schreibt sie ja vor – in der Hoffnung, im Notfall genaue Unterlagen über die Giftigkeit des Mittels zu besitzen und auch zu wissen, wie man einem Vergifteten am besten helfen kann. Man macht auch hier, nicht etwa nur bei pharmazeutischen Wirkstoffen, den [...] berüchtigten LD-50-Test. Mit Hunderttausenden von Tieren.

Und wozu? Hier geht es letztlich nicht um die Gesundheit, wenngleich das Gesetz davon spricht. Niemand brauchte die kosmetischen Präparate zu verwenden. Es liegt also auch kein lebenswichtiges Problem vor. Der Mensch könnte ohne kosmetische Präparate leben. Möglicherweise sogar besser als mit ihnen.

Hier geht es letztlich um ein rein wirtschaftliches Interesse. Man will verkaufen. Ein neues Mittel. Und wieder ein neues. Man muss, um es verkaufen zu können, in der Werbung den Mund voll nehmen – und Wunder versprechen. Man muss auch zu immer gewagteren Stoffen greifen und braucht gerade deshalb immer noch stärkere Rückendeckung.

Der Gesetzgeber, der gerade diese Entwicklung verhindern wollte, hat der kosmetischen Industrie mit den Tierversuchen letztlich das Alibi gegeben, den Weg geöffnet.

Entsetzliche Tierquälereien und millionenfache Tiermorde schöner roter Lippen oder einer neuen Haarfarbe wegen – kann das irgendeiner verantworten? [...]

Erfundene Tiergeschichten im Comic

„Bessy": Die Seeteufel von Nooka

Während einer Kanufahrt auf dem Columbia River stoßen der Ranchersohn Andy und dessen Colliehündin Bessy auf einen Indianerstamm. Der Indianer Tanuka hasst jeden Weißen, weil seine Tochter Mohnblume von Weißen entführt und, wie er glaubt, getötet worden ist. Nachdem Tanuka einen Zweikampf gegen Andy verloren hat, verfolgt er Andy.

Andy und Bessy erleben eine Reihe von Abenteuern. Auf einer Fischfang-Reise, die Andy mit den Indianern unternimmt, entdeckt Andy plötzlich zwei Schiffe ...

Als Andy den Segler erreicht, sind die Küstenpiraten verschwunden ...

Sieh mal nach, was in der großen Kiste ist, Bessy!

Wir suchen inzwischen nach Überlebenden!

Leise knarrt die Takelage im Wind. Die H... springen nur zögernd an Bord. Aus den Lu... dringen die geheimnisvollen Düfte indisch... Gewürze und Sandelhölzer ...

Die bleichgesichtigen Piraten lie... sen niemanden am Leben!

Seid vorsichtig! Die Geister der Toten ...

Als Bessy auf die Kiste springt, dreht diese sich in der Dünung. Rasch löst die Hündin den schweren Eisenriegel ...

... und Radsc... springt aufbri... lend aus dem ...gen Gefängnis...

ROARR...

Sofort sind hungrige Haie zur Stelle ...

Radscha schlägt mit seinen kräftigen Pranken z... Haifischblut verfärbt die schäumende See ...

Während sich die anderen Haie auf den getöteten Artgenossen stürzen, retten sich Bessy und Radscha auf die Kiste. Der Tiger weiß, daß er Bessy die Freiheit verdankt ...

...dessen an Bord s Seglers...

He! Was macht denn eine Indianerin hier?

Wo? Ich hab' keinen gesehen!

Vorsicht! Das ist eine Falle! Die Bleichgesichter sind noch auf dem Schiff!

Sie haben sich versteckt!

Die Weißen sind gefährlich!

Raus da, Blonder, oder es knallt!

Keine Angst! Mit denen werden wir schon fertig!

Bin ja schon hier!

Zu mir, Jungs ... AA-AAGH!

Schnell unter Deck! Wo ist die Besatzung des Schiffes?

Im Laderaum! Die Piraten haben sie eingesperrt!

87

88

Auflösung von Seite 60

Raubvögel: Flugbilder

1 Mäusebussard	**2** Wespenbussard	**3** Raufußbussard
4 Habicht	**5** Wanderfalke	**6** Sperber
7 Turmfalke	**8** Rohrweihe	**9** Roter Milan
10 Fischadler	**11** Schreiadler	**12** Seeadler

(alle Bilder etwa $1/60$ natürlicher Größe)

Textquellenverzeichnis

S. 58: Kurt David als Kinder- und Jugendbuchautor, Originalbeitrag

S. 58: Buchbesprechung 1) aus: Süddeutsche Zeitung, München, Nr. 255 (November 1977)

S. 59: Buchbesprechung 2) aus: Das gute Jugendbuch. Jugendbuchmagazin, Essen 3/1977

S. 59: Buchbesprechung 3) aus: Arbeitsgemeinschaft für Jugendpflege und Jugendfürsorge, Zweibrücken (Landesjugendamt. Rheinland-Pfalz, Kinder- und Jugendliteratur) Okt. 1977 (Beilage zum Mitteilungsblatt)

S. 60: Suchbild: Raubvögel, aus: Der Große Brockhaus, 16. Auflage, Wiesbaden (F. A. Brockhaus) 1956

S. 61: Jiri Felix: Der Mäusebussard, aus: Jiri Felix, Vögel in Wald und Gebirge. München (Mosaik Verlag GmbH) 1974

S. 62: Günter Bächle: Den Geier packt die Reiselust, aus: Südwest Presse, Ulm, Oktober 1984

S. 64: Horst Stern: Wie man aus der Schule fliegt, aus: Horst Stern, In Tierkunde eine 1. Stuttgart (Frankh'sche Verlagshandlung) 1965, S. 20-27

S. 70: Wolfdietrich Schnurre: Lieben heißt loslassen können, aus: Wolfdietrich Schnurre, Was ich für mein Leben gern tue. Neuwied (Luchterhand) 1967

S. 76: Bernhard Grzimek: Was wird aus 300 000 lebenden Spielschildkröten?, aus: Bernhard Grzimek, Wildes Tier – weißer Mann. Von Tieren im Lebensraum der europäischen Menschen in Europa, Nordamerika, in der Sowjetunion. München (Kindler Verlag) 1965, S. 274-280

S. 78: Robert Jungk: Maschine Tier, aus: Robert Jungk, Die Zukunft hat schon begonnen. Bern und Stuttgart (Alfred Scherz Verlag) 5. Auflage 1983, S. 129-131

S. 81: Kurt Allgeier: Tiermörder „Lebensmittelgesetz" aus: Kurt Allgeier, Tierexperimente. Pro und contra. München (Goldmann Verlag) 1980, S. 106-109

S. 85: „Bessy": Die Seeteufel von Nooka, aus: „Bessy", Bergisch Gladbach (Bastei-Verlag) 1984, Nr. 956, S. 24-29

Bildquellenverzeichnis

Zeichnungen auf den Seiten 17, 23, 48, 52: Klaus Ensikat
S. 70ff.: Zeichnungen von Werner Weiss, Stuttgart